Ines Moser-Will • Ingrid Grube
Denkspiele

Ines Moser-Will
Ingrid Grube

Denkspiele

Fitnessübungen
für helle Köpfe

Bibliografische Information der Deutschen Nationalbibliothek

Die Deutsche Nationalbibliothek verzeichnet diese Publikation in der
Deutschen Nationalbibliografie; detaillierte bibliografische Daten sind
im Internet über http://dnb.d-nb.de abrufbar.

ISBN 978-3-86936-013-3

2. Auflage 2016

Lektorat: Christiane Martin, Köln
Umschlaggestaltung: Martin Zech, Bremen | www.martinzech.de
Umschlagfoto: Imagewerks / Getty Images
Satz und Layout: Das Herstellungsbüro, Hamburg |
www.buch-herstellungsbuero.de
Druck und Bindung: Salzland Druck, Staßfurt

www.gabal-verlag.de

Inhalt

Einstieg

Das Ziel von »Denkspiele«

Dieses Buch richtet sich an alle, die ihre geistige Leistungsfähigkeit steigern oder erhalten wollen. Es werden einfach auszuführende Hinweise und vielseitige Beispiele vermittelt, damit das Gehirn möglichst optimal arbeiten kann. Da dieses Ziel nicht in ein paar Stunden oder einem mehrwöchigen Training erreicht werden kann, sondern ständiges Berücksichtigen verschiedener Voraussetzungen und tägliches kurzes, aber gezieltes Üben erfordert, finden Sie eine große Auswahl an Vorschlägen, die beinahe überall, jederzeit und ohne spezielles Material durchgeführt werden können.

»Fit im Denken« ist nicht einem hohen Wissensstand gleichzusetzen, sondern bedeutet, offen zu sein für alles, was das Leben mit sich bringt, Probleme anzupacken, bestmögliche Lösungen zu finden, diese zu realisieren und zu den sich daraus ergebenden Anpassungen mit Überzeugung »Ja« zu sagen.

»Weshalb dann Übungen durchspielen, die mit meinen Alltagsproblemen voraussichtlich wenig zu tun haben?«, werden Sie sich nun fragen. – Dieser Einwand ist berechtigt. Unsere Antwort: »Vergessen ist normal und schon gar nicht eine Schande; aber Vergessen ist ärgerlich und oft schuld an unbefriedigenden Lösungen.« Die Tipps und Übungen in diesem Buch halten oder bringen Ihr Arbeitsgedächtnis (auch Kurzzeitgedächtnis oder Kurzspeicher genannt) in Schwung; sie erweitern die Merkspanne und erhöhen die Informationsverarbeitungsgeschwindigkeit. Ohne Arbeitsspeicher geht nichts — er ist immer beteiligt: Denken, Planen, Beurteilen, Kombinieren, Entscheiden und vieles mehr. Dort setzen wir an. Erläuterungen zu Fachausdrücken finden Sie ab Seite 13.

»Denkspiele« muss nicht Seite für Seite bearbeitet werden. Nach einem ersten Überblick entscheiden Sie sich für Übungen nach Lust und Laune, gemäß den gegebenen Ansprüchen.

Aber um das Gehirn rasch für optimale geistige Leistungsfähigkeit zu aktivieren, wählen Sie zuerst eine einfache Abstreich- oder Suchübung (aus dem Kapitel »Konzentration«, sozusagen als »Aufwärmphase«). Dann folgen Sequenzen für das Verbessern der Gedächtnisleistung (Sprache, Logik, Merkfähigkeit). Sinnesübungen ergeben sich im Laufe des Tages durch vermehrte und bewusste Aufmerksamkeit.

Was geht in Ihrem Kopf
jetzt gerade vor?

Sie **DENKEN**. Sie können gar nicht anders, es denkt einfach in Ihrem Kopf. Sogar wenn Sie schlafen, wird dort weitergearbeitet. Traumbruchstücke, die Ihnen – falls Sie sich überhaupt erinnern – oft rätselhaft erscheinen, sind Beweise dieses selbstständigen Treibens des Gehirns. Haben Sie schon versucht, sich beim Denken zu beobachten oder herauszufinden, wie Sie denken? – Und? Keine klare Antwort? Warum?

Wenn Sie sich auf das Beobachten Ihres Denkens konzentrieren, wird alle andere Denkarbeit gestoppt, und Sie denken ... eben ja ... Sie denken, »wie Sie denken«!

> »Das, was ich denke, habe ich gedacht, um zu
>   denken. Jedoch wenn ich darüber nachdenke,
>   dann ist es nicht mehr das, was ich gedacht habe,
>   sondern was ich noch nicht gedacht habe.«
>   *Autor unbekannt*

Verwirrt? – Wenn Sie Satzteil für Satzteil lesen, innehalten und überlegen, was diese aussagen, verstehen Sie am Schluss diese »Denkvielfalt« erstaunlich gut. Die folgenden Erklärungen, Tipps und Übungen lassen das Denken zum reinen Vergnügen werden.

Werfen Sie nun einen Blick hinter die Denkfassade – ins Gehirn.

Kurze Information
über das Gehirn

Das Gehirn hat zwei gleich aussehende Teile, die mit dem Balken *(Corpus calossum)* verbunden sind. Je nach Aufgabe arbeitet jedoch die eine oder die andere Gehirnhälfte intensiver. Sie kommunizieren aber stets miteinander und beeinflussen sich gegenseitig.

Die Hirnteile (Hemisphären) kontrollieren die Bewegungen und Empfindungen der jeweils gegenüberliegenden Körperseite.

Die **linke** Hirnhälfte gilt eher als »intellektuelle« Seite.	Die **rechte** Hirnhälfte gilt eher als »musische« Seite.
Sie – denkt logisch, – rechnet, – kontrolliert die Sprache, – trifft Entscheidungen (ja/nein), – lernt bewusst, – verarbeitet Informationen schrittweise (linear), – hat Zeitgefühl und – ist optimistisch.	Sie – denkt ganzheitlich in Bildern, Farben und Melodien, – ist kreativ, – lernt unbewusst, – verarbeitet Informationen gleichzeitig (parallel), – hat kein Zeitgefühl und – ist pessimistisch.

Es handelt sich nicht um eine fein säuberliche Trennung, sondern um Prioritäten und Tendenzen.

Benennung der Hirnlappen

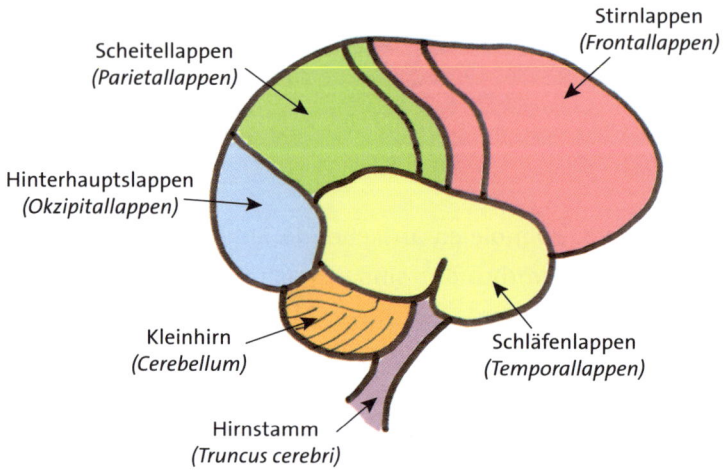

Scheitellappen
(Parietallappen)

Stirnlappen
(Frontallappen)

Hinterhauptslappen
(Okzipitallappen)

Kleinhirn
(Cerebellum)

Schläfenlappen
(Temporallappen)

Hirnstamm
(Truncus cerebri)

Arbeitsbereiche des Gehirns

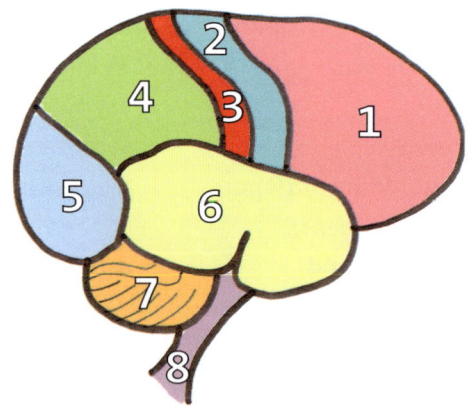

1. zuständig für die höchsten Gehirnfunktionen wie Denken, Planen, Entscheiden, Vergleichen, Wollen

2. Körperbewegungsfeld (motorische Rinde); Vorbereitung komplexer Bewegungsmuster und Erlernen von Handlungsabfolgen

3. Körperfühlfeld (sensorische Rinde); Druck- und Tastempfindungen

4. räumliche Orientierung; Entschlüsselung und Speicherung von körperlichen Wahrnehmungen, beteiligt an Lesen und Rechnen

5. Sehzentrum; Objekterkennung, visuelle Informationen verarbeiten

6. Hörzentrum; Klänge, Sprache und einige Aspekte des Gedächtnisses

7. Steuerung der Motorik; zuständig für die Koordination der Bewegungen, Feinabstimmungen und das Erlernen von Bewegungsabläufen

8. verbindet das Gehirn mit dem Rückenmark; sämtliche Informationen zum und vom Gehirn verlaufen durch den Hirnstamm, zuständig für lebensnotwendige Körperprozesse wie Atmung, Blutdruck, Herzschlag und den Wachheitszustand des Gehirns

Das männliche Gehirn wiegt im Durchschnitt 1375 Gramm, das weibliche Gehirn 1245 Gramm. Das Gehirn von Albert Einstein wog 1230 Gramm.

Das Gehirn macht nur rund 2 Prozent des Körpergewichtes aus, verbraucht aber 20 Prozent des Sauerstoffs und einen ähnlich hohen Anteil an Kohlenhydraten.

Es besteht aus mindestens 100 Milliarden Nervenzellen (Neuronen); einige Hirnforscher reden sogar von bedeutend mehr.

Ein Neuron ist mit bis zu 10.000 anderen Neuronen vernetzt. Jede dieser Nervenzellen kann mit höchstens zwei Zwischenschritten mit jedem anderen Neuron »Kontakt aufnehmen«.

Die Gesamtlänge der Nervenbahnen (Dendriten) beträgt ungefähr 5,8 Millionen Kilometer, was etwa 145 Erdumrundungen entspricht.

Die Speicherkapazität des menschlichen Gehirns ist unvorstellbar groß; Fachleute sprechen von 10^{150} bit – also fast unendlich viel.

Eine der vielen Milliarden Nervenzellen mit ihren Verbindungen kann man sich vereinfacht wie folgt vorstellen:

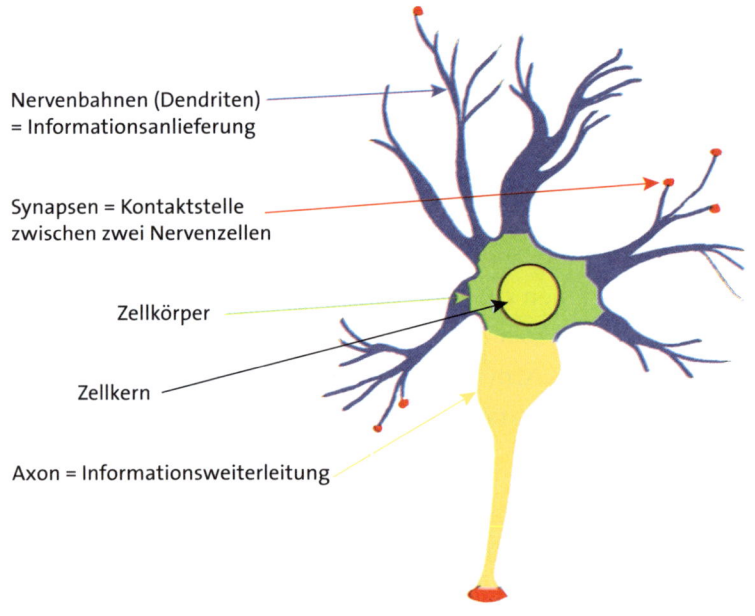

Nervenbahnen (Dendriten) = Informationsanlieferung

Synapsen = Kontaktstelle zwischen zwei Nervenzellen

Zellkörper

Zellkern

Axon = Informationsweiterleitung

Das Gehirn bleibt lernfähig bis ins hohe Alter, es muss aber gefordert und zum Arbeiten angeregt werden, sonst verkümmern die ungenutzten Nervenzellen (Neuronen) und ihre Verbindungen (Dendriten).

Es ist für unser Gedächtnis viel wichtiger, Lösungen zu suchen, als sie zu finden!

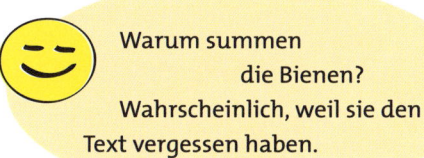

Warum summen die Bienen? Wahrscheinlich, weil sie den Text vergessen haben.

»Erinnerung, du Wächter des Gehirns!«
Shakespeare

»Und etwas Denken ist dem Menschen immer nütz ...«
Johann Wolfgang von Goethe
(deutscher Dichter, 1749–1832)

Optimierung der geistigen Leistungsfähigkeit

Damit das Gehirn möglichst optimal arbeitet und uns nicht in einem entscheidenden Moment im Stich lässt, müssen verschiedene Voraussetzungen berücksichtigt werden.

Mit Übungen für geistige Fitness allein ist es nicht getan, sondern zuerst müssen Wohlergehen und Umfeld gepflegt werden. Das kommt nicht nur dem Gehirn, sondern dem ganzen Körper und auch der Psyche zugute und ist zudem einfach, jederzeit und überall umzusetzen.

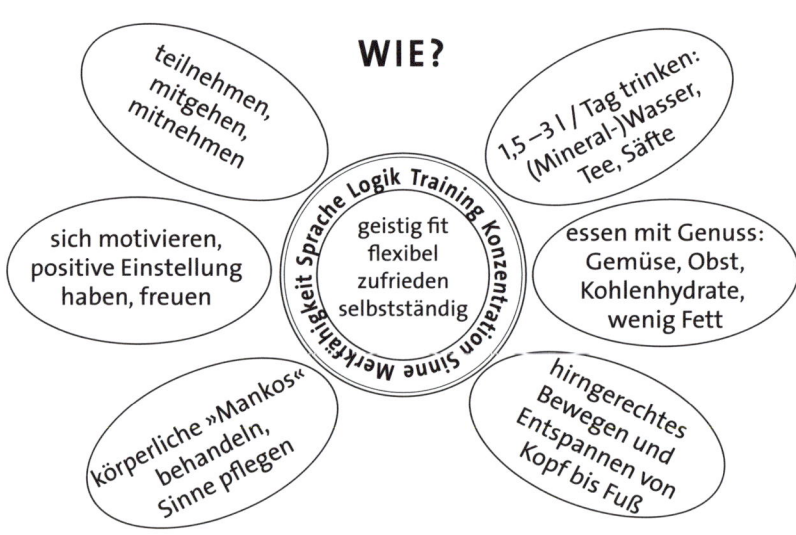

»In einem gesunden Körper
steckt ein gesunder Geist.«

Dieses Sprichwort kennen alle; es wird häufig erwähnt, aber teils auch falsch und verletzend interpretiert. Ein kranker, missgebildeter Körper mit einem gesunden, klaren Geist ist keine Seltenheit.

Die Aussage des altrömischen Satirikers Decimus Iunius Iuvenalis (circa 60 – 135 n. Chr.) wurde gekürzt und lautet vollständig:

»Es ist wünschenswert, dass in einem gesunden Körper auch ein gesunder Geist sei.« Er rät den Menschen, anstelle der törichten Wünsche nach Macht und Reichtum die Götter um einen gesunden Körper und einen gesunden Geist zu bitten.

WIE?

teilnehmen, mitgehen, mitnehmen

1,5 – 3 l / Tag trinken: (Mineral-)Wasser, Tee, Säfte

sich motivieren, positive Einstellung haben, freuen

essen mit Genuss: Gemüse, Obst, Kohlenhydrate, wenig Fett

Sprache Logik Training Konzentration Sinne Merkfähigkeit

geistig fit flexibel zufrieden selbstständig

Körperliche »Mankos« behandeln, Sinne pflegen

hirngerechtes Bewegen und Entspannen von Kopf bis Fuß

Trinken

Wenn sich der Durst meldet, besteht bereits ein Flüssigkeitsdefizit, und das Gehirn arbeitet nicht mehr optimal. Durst haben ist ein Alarmsignal. Lassen Sie es nicht so weit kommen! Trinken Sie genügend und regelmäßig. Eine Flasche Mineralwasser am Arbeitsplatz oder auf einer langen Autofahrt hilft, den Flüssigkeitsbedarf leichter zu decken. Wenn Sie schwitzen, müssen Sie mehr trinken!

Wasser, ungesüßte Kräutertees,
verdünnte Frucht- und Gemüsesäfte,
aber auch eine Tasse Kaffee, eine Bouillon
und ab und zu ein Glas Wein sorgen
für Abwechslung beim Trinken.

Ernährung

Essen Sie abwechslungsreich und mit viel Genuss, dann haben Sie bereits einiges erreicht. Vollkornbrot, Teigwaren und Kartoffeln liefern die für das Gehirn wichtigen Kohlenhydrate. Täglich Obst und Gemüse versorgen Sie mit Vitaminen, Mineral- und ausreichend Ballaststoffen. Essen Sie nur wenig tierische Fette! Decken Sie den Fettbedarf vor allem aus pflanzlichen Ölen (Oliven- und Rapsöl, da reich an ungesättigten Omega-3-Fettsäuren), viel Fisch und fettarmen Fleischsorten. Ganz auf Fette zu verzichten, wäre falsch; Fett ist der schnellste Energielieferant und ein wichtiger Transportstoff für Vitamine.

Ernährungswissenschaftler empfehlen:

Das sollten Sie täglich mindestens essen und trinken:

- 1 warme Mahlzeit
- 1 Portion Obst
- 1 Portion Gemüse oder Salat
- 1 Glas Milch, Joghurt, Quark oder Käse
- 1 Scheibe Vollkorn- oder Vollkornschrotbrot
- mindestens 1,5 Liter Flüssigkeit (Mineralwasser, Säfte, Suppe, Tee, Kaffee)
- wenig Fleisch, viel Fisch, ab und zu ein Ei

Zwischenmahlzeiten – Banane, Apfel mit etwas Vollkornbrot, Joghurt mit Haferflocken, Nüsse, gedörrte Aprikosen und Zwetschgen – sind für optimale geistige Leistungen ein Muss.

Bewegung, Entspannung

Durch Bewegung wird das Gehirn mit mehr Sauerstoff und Nährstoffen versorgt, was zu besserer, ausdauernderer, ausgeglichenerer geistiger Arbeit führt. Sportliche Spitzenleistungen sind nicht notwendig, sondern regelmäßiges, tägliches, den Möglichkeiten angepasstes Bewegen, zum Beispiel beim Treppensteigen, Erledigen verschiedener Aufgaben, bei häufigen Aufenthalten an der frischen Luft oder beim Schwimmen.

Um Körper und Geist im Gleichgewicht zu halten, ist auch das Entspannen von großer Wichtigkeit. Immer wieder wenigstens 55 Sekunden innerlich und äußerlich abzuschalten und alles hängen zu lassen, ist eine Wohltat und erholsam.

Entspannen Sie sich **jetzt**! Sie werden anschließend viel aufmerksamer weiterlesen.

Körper, Sinne

Es lohnt sich nicht nur, sondern es ist notwendig, dass Sie Ihren Körper, Ihre Sinne pflegen und auch minimale Schäden möglichst vollständig beheben. Lassen Sie regelmäßig Augen und Gehör kontrollieren. Seien Sie hartnäckig und ausdauernd beim Anpassen von Seh- und Hörhilfen. Bei Sinneseinbußen, die sich meistens schleichend entwickeln, sodass man sich sukzessive daran gewöhnt, sinkt erwiesenermaßen die geistige Leistungsfähigkeit. Aber nach erfolgreicher Korrektur baut sie sich auch wieder auf.

Vermeiden Sie Stress, und schlafen Sie genügend, denn anhaltende Müdigkeit reduziert die geistige Fitness und schadet der Gesundheit.

Psyche, Seele

Sorgen, Ängste, Ärger und Trauer wirken lähmend auf die geistige Leistungsfähigkeit. Bemühen Sie sich, Unvermeidliches anzunehmen und die für Sie bestmögliche Lösung zu finden. Umgekehrt wirken Freude, eine positive Einstellung, Interesse, Neugierde, Aufgeschlossenheit aktivierend und bringen die Hirnzellen in Schwung.

Stimmungsmesser

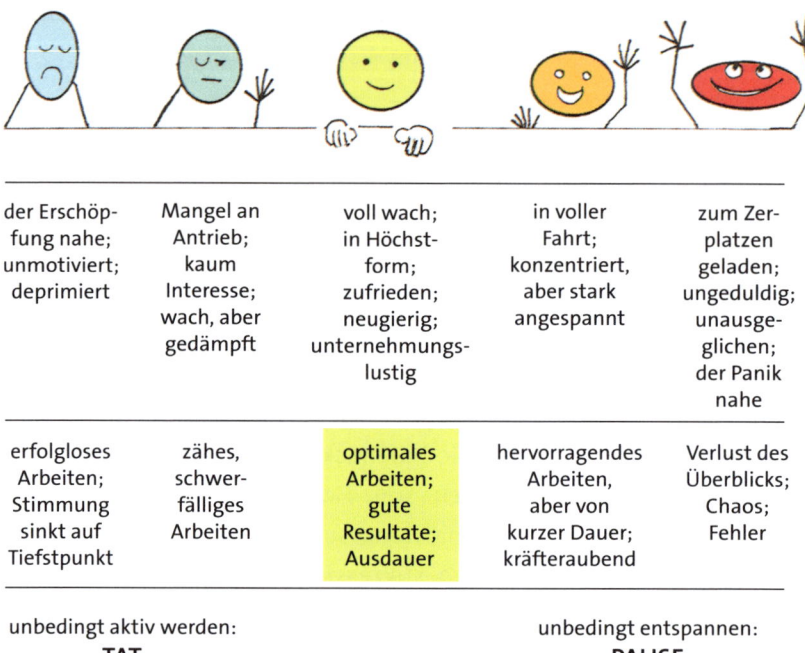

der Erschöpfung nahe; unmotiviert; deprimiert	Mangel an Antrieb; kaum Interesse; wach, aber gedämpft	voll wach; in Höchstform; zufrieden; neugierig; unternehmungslustig	in voller Fahrt; konzentriert, aber stark angespannt	zum Zerplatzen geladen; ungeduldig; unausgeglichen; der Panik nahe
erfolgloses Arbeiten; Stimmung sinkt auf Tiefstpunkt	zähes, schwerfälliges Arbeiten	**optimales Arbeiten; gute Resultate; Ausdauer**	hervorragendes Arbeiten, aber von kurzer Dauer; kräfteraubend	Verlust des Überblicks; Chaos; Fehler

unbedingt aktiv werden:
TAT

unbedingt entspannen:
PAUSE

Sollte Ihnen eine Arbeitsaufgabe aus Ihrem Alltag total missfallen, suchen Sie stur nach etwas Positivem – es ist immer etwas ausfindig zu machen.

Belohnen Sie sich regelmäßig; erfüllen Sie sich einen Wunsch. Legen Sie eine Liste an mit Kleinigkeiten, die Sie erfreuen, um sich zu belohnen und seelische Tiefs zu mildern.

Tun Sie Ihrer Seele Gutes: Gönnen Sie ihr Musik, ein Lächeln oder noch besser ein herzhaftes Lachen. Verweilen Sie dort, wo Sie sich wohlfühlen, und befragen Sie den **Stimmungsmesser**: Er gibt Hinweise, wie »arbeitsbereit« Ihre geistige Fitness im Augenblick der Überprüfung ist. Voraussetzung ist, dass Sie mit sich selbst ganz ehrlich sind. Selbstverständlich gibt es nicht nur die fünf dargestellten Positionen.

Pendeln Sie sich vor Arbeitsbeginn möglichst nahe der Mitte ein, also bei »voll wach«, und überprüfen Sie während der Arbeit regelmäßig Ihre Stimmung, das heißt Ihre geistige Leistungsbereitschaft.

Damit Sie nicht unnötig Energie verschwenden und zusätzlich frustriert sind, bedienen Sie sich mehrmals täglich Ihres Stimmungsmessers (am besten kopieren und an verschiedenen Plätzen deponieren).

»Ich muss eine ungeheure Menge an Verstand haben: Ich brauche manchmal eine ganze Woche, um mich für etwas zu entscheiden.« *Mark Twain (amerikanischer Schriftsteller, 1835–1910)*

Kontakte, soziales Netz

Warten Sie nicht, bis Sie aufgefordert werden, bei irgendetwas mitzumachen. Seien Sie wagemutig, regen Sie gemeinsame Spaziergänge mit Freunden oder Bekannten, Treffen und Aktivitäten an. Gehen Sie zu Partys, und nutzen Sie jede Gelegenheit, um ein paar Worte zu wechseln.

Offen zu sein für die Mitmenschen und für neue Situationen, ist ein hervorragendes Training.

Menschen, die in ein gut funktionierendes soziales Netz eingebunden sind, werden erfahrungsgemäß älter und sind gesünder.

Wortsilben zusammensetzen

Haben Sie schon Lust auf eine Übung? Sie erfahren Interessantes über das Verbessern der geistigen Fitness, wenn Sie die bunten 26 Silben zu 13 Wörtern zusammenfügen.

1. _____
2. _____
3. _____
4. _____
5. _____
6. _____
7. _____
8. _____
9. _____
10. _____
11. _____
12. _____
13. _____

(Lösung S. 225)

Beitrag von Frau Lotti Hess, Kursbesucherin, Wallisellen, Schweiz

Was trainieren?

Konzentration ist die Fähigkeit, sich durch nichts ablenken zu lassen und sich mit nur einer Sache oder Aufgabe zu beschäftigen. Konzentration ist eine der wichtigsten Voraussetzungen, um Informationen möglichst vollständig abspeichern und wieder abrufen zu können.

Konzentrationsstörungen sind häufig und haben viele Ursachen, wie zum Beispiel eine zu geringe Flüssigkeitsaufnahme, falsche Ernährung, schlechte Luft, ein zu kühler oder warmer Raum, Lärm, Schmerzen, Sorgen, Ärger, anhaltender Stress, Krankheit, Medikamente, aber auch »Riesenfreude«.

Mit geringem Übungsaufwand und Interesse für das, was Sie gerade tun, können Sie Ihre Konzentration verbessern.

Je stärker das Interesse und die Motivation an einer Arbeit, umso intensiver die Konzentration.

Beginnen Sie doch gleich mit einer einfachen Übung!

Buchstaben zählen

Lesen Sie zuerst den folgenden Text über den geeigneten Umgang mit dem Gehirn. Dann nehmen Sie bitte einen Schreibstift zur Hand und streichen ohne Unterbrechung und rasch (konzentriert!) alle klein und groß geschriebenen **n** beziehungsweise **N** durch.

»Wer rastet, der rostet.« Das gilt gewiss auch für das Gehirn. Wenn es nicht angemessen gefordert wird, nimmt die geistige Leistungsfähigkeit allmählich ab. Der richtige Umgang mit dem Gehirn ist deshalb von größter Wichtigkeit. Training ist sicher ein Schlüssel zu einem guten Gedächtnis, zu hoher Konzentrationsfähigkeit, rascher Aufnahme und Verarbeitung neuer Informationen, kreativen Ideen, um den Alltag zu meistern und ihm viel Lebensfreude abzugewinnen und nicht zuletzt zu besserer Gesundheit.

Doch ebenso viel Beachtung gebührt dem Trinken, den Kohlenhydraten, der Sauerstoffzufuhr und regelmäßiger Bewegung.

Täglich sollten Sie mindestens zwei Liter Flüssigkeit zu sich nehmen und zum Trinkgefäß greifen, noch bevor Sie Durst empfinden. Für optimale Denkleistung muss das Gehirn reichlich durchblutet und mit Nährstoffen versehen werden. Bei dickflüssigem Blut ist die Versorgung gefährdet.

Da das Gehirn keine Energiereserven bilden und Fett nicht verwerten kann, muss es laufend mit Kohlenhydraten versorgt werden (Getreide, Kartoffeln, Reis, Gemüse).

»Das Gehirn lüften« sollten Sie wörtlich nehmen, regelmäßig Sauerstoff tanken und sich täglich genügend und vernünftig bewegen. All das bringt Ihr Gehirn bereits ordentlich in Schwung. Für optimale geistige Leistung muss es zusätzlich mit ausgewählten Übungen aktiviert (angekurbelt!) werden. 5 bis 15 Minuten genügen. Andauerndes Aktivieren bringt keinen weiteren Nutzen, kann sogar das Gegenteil bewirken, nämlich das Abfallen der

geistigen Leistungsfähigkeit wegen Ermüdung, Routine und Langeweile.

Wie viele **n** und **N** haben Sie markiert?

(Lösung S. 226)

Dieser Text, der wiederholt gelesen werden sollte, wurde nur durch
das Streichen von Buchstaben verunstaltet! – Ausgezeichnet! Sie
schufen dadurch eine weitere Übung: »Erschwertes Lesen«. Zum
Ankurbeln (Aktivieren) der Gehirnleistung nehmen Sie irgendeinen
Text zur Hand und markieren einen von Ihnen bestimmten Buchstaben (a/l/s) oder eine Buchstabenfolge (ei/he/ie) und so weiter.

Weiterer Vorschlag: Drehen Sie den Lesestoff um 180°, sodass die
Buchstaben auf dem Kopf stehen. Warum nicht täglich ein paar Zeilen Ihrer Lektüre »umgedreht« lesen **und** verstehen?

sehen   hören   riechen   schmecken   fühlen

Mit den Sinnesorganen werden Reize (Informationen) aus der Umwelt wahrgenommen. Je mehr Sinne an der Aufnahme von Informationen beteiligt sind, umso reicher ist die Verarbeitung zur Abspeicherung ins (Langzeit-)Gedächtnis.

Die folgende Tabelle zeigt in Prozenten, wie die Informationsspeicherung je nach Anzahl der daran beteiligten Sinne, eventuell verbunden mit zusätzlichem Handeln, erhöht wird. Es sind Durchschnittszahlen, die von Mensch zu Mensch variieren.

sehen		30 %
hören		20 %
sehen + hören		50 %
sehen + hören + in Worte fassen, diskutieren		70 %
sehen + hören + formulieren + riechen + in die Tat umsetzen		90 %

Die folgenden Fachausdrücke bezeichnen die verschiedenen Möglichkeiten, die Umwelt durch die fünf Sinne wahrzunehmen. Diese Begriffe werden häufig in Fernsehsendungen und in Zeitungsartikeln verwendet.

visuell	=	mit dem Sehsinn
akustisch	=	mit dem Hörsinn
haptisch	=	mit dem Tastsinn
kinästhetisch	=	mit der Tiefensensibilität
olfaktorisch	=	mit dem Geruchssinn
gustatorisch	=	mit dem Geschmackssinn

Spricht man vom »6. Sinn« eines Menschen, meint man damit die Fähigkeit, die richtige Entscheidung »aus dem Bauch heraus« zu fällen oder telepathische, hellseherische Fähigkeiten.

Biologen benutzen den Ausdruck »6. Sinn«, um magnetische und elektrische Sinneswahrnehmungen von Tieren zu beschreiben, wie zum Beispiel der Wärmesinn der Klapperschlange oder der Schwingungssinn der Webspinne.

Es lohnt sich, die Sinne bewusst einzusetzen und zu pflegen. Es ist erwiesen, dass die geistige Leistungsfähigkeit bei Personen mit Seh- oder Höreinbußen abnimmt, aber nach einer Korrektur (Brille, Hörgerät oder Operation des Grauen Stars) sich wieder verbessert.

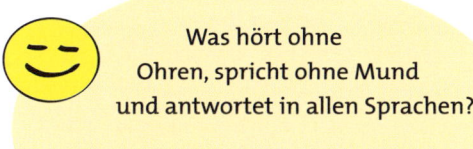

Was hört ohne
Ohren, spricht ohne Mund
und antwortet in allen Sprachen?

Antwort = richtige Reihenfolge
von O H C E

Zitat:

Wie lautet der folgende Satz von Ernst Jünger?
(Schriftsteller, 1895–1998)

Jede Buchstabengruppe ergibt ein Wort.

EID HAWER LEHITAFU ÖHTREG ZU NED
RADAPEISCHISEN GUNETEND.

(siehe weiter Seite 70)

Transformation bedeutet, schwierige Informationen in Verständliches umzuwandeln und so anschaulich zu machen, wie zum Beispiel bei der Aufgabe oben.

Tipp
Zum Ablenken von lästigen Gedanken denken Sie
über etwas ganz Einfaches intensiv nach,
zum Beispiel über einen Teelöffel, ein Klebeband,
eine Schokolade, einen Buchstaben,
über Faulheit und so weiter.

In einer weltweiten Studie wurde erforscht, welche Fähigkeiten bei geistig gesunden, 100-jährigen Menschen eine besonders wichtige Rolle spielten. Egal aus welchem Kulturkreis die Probanden stammten, nahm durchweg der gewandte Umgang mit der Sprache einen Spitzenplatz ein.

Das ist keine neue Erkenntnis, bereits Konfuzius (500 v. Chr.) sagte in seinem »Buch der Gespräche«: »Wenn die Sprache nicht stimmt, dann ist das, was gesagt wird, nicht das, was gemeint ist.« Und damit ist bereits alles gesagt! Wer seine Gedanken nicht eindeutig, klar und treffend formulieren kann oder lange nach passenden Worten suchen muss, wird bald übergangen und steht abseits. Im besten Fall ist er »einfach dabei« und hat sich anzupassen und zu schlucken, was entschieden wird. Er wird zur Randfigur, und seine Bedürfnisse werden höchstens noch zufällig berücksichtigt.

Ein Beispiel zur Veranschaulichung einer ähnlichen Situation: Sie halten sich in einem fremdsprachigen Gebiet auf und haben nur mäßige Kenntnisse dieser Sprache. Damit Sie Ihr Anliegen erfolgreich oder mindestens befriedigend vortragen können, sind Sie voll auf das Wohlwollen Ihrer Gesprächspartner angewiesen. Wie immer das Resultat ausfällt, Sie sind abhängig.

Ob jung oder alt – ein gewandter Umgang mit der Sprache ist entscheidend für Erfolg, Unabhängigkeit und körperliches wie psychisches Wohlergehen.

Es geht dabei nicht in erster Linie um Orthografie, Grammatik, Satzbau – allfällig beklemmende Erinnerungen an die Schulzeit –, sondern um anregendes, neugieriges, spielerisches Anwenden und Ausprobieren zum Erhalten und Bereichern des Wortschatzes.

Ein Zitat von Mark Twain verdeutlicht nochmals die Wichtigkeit des gekonnten Umgangs mit der Sprache: »Der Unterschied zwischen dem beinahe richtigen Wort und dem richtigen Wort ist so groß wie der zwischen einem Glühwürmchen und dem Blitz.«

Begriffe beschreiben

Lesen Sie den Text »Sprache« nochmals, und wählen Sie mindestens vier Begriffe, die Sie umschreiben, als wollten Sie diese jemandem erklären.

Beispiele:

Spitzenplatz	ist ein hervorragender Platz, eine besonders gute Lage oft mit Vorteilen verbunden. Es kann eine Führungsposition sein oder ein sehr gutes Resultat einer Leistung.
Randfigur	ist eine Person unter »ferner liefen«, die oft ausgegrenzt oder übergangen wird.
Wortschatz	umfasst alle Wörter, die zu einer Sprache gehören oder einem einzelnen Menschen zur Verfügung stehen.

Logik hat viele Definitionen, angefangen bei Aristoteles, der das erste System einer formalen Logik ausgearbeitet hat. Einfach gesagt: Logik ist Denken, Verknüpfen von Gedanken vom Allgemeinen ins Besondere (Kleider = das Allgemeine; Hemd, Hut … = das Besondere) und vom Besonderen ins Allgemeine (Sessel, Bett … = das Besondere; Möbel = das Allgemeine). Logik führt zwingend zu einer oder mehreren richtigen Lösungen.

Logik ist: Zusammenhänge verstehen, erkennen, korrektes Folgern, einen Übergang von einer Aussage zur anderen schaffen.

Hier ist Logik gefragt!

Übung

A. Ein Buchstabe im Feld passt nicht.
   Welcher?
   Warum?

M	K	E
	L	B
V	T	X

B. Welches Feld scheidet seines unpassenden Inhaltes wegen aus?

1.

8	8	8
	8	8
8	8	8

2.

0	0	0
	0	0
0	0	0

3.

	X	X
X	X	X
X	X	X

4.

◊	◊	◊
	◊	◊
◊	◊	◊

5.

△	△	△
△	△	△
	△	△

C. Erkennen Sie die Logik, und ersetzen Sie das Fragezeichen durch die passende Frucht!

Birne	Dattel	?	Heidelbeere	Johannis-beere

D. Marktrechnung:

Die Marktfrau hatte wie üblich 23 kg Kartoffeln mitgenommen. Sie hat alle außer 6 kg verkauft. Wie viele blieben übrig?

E. Überlegen – antworten:

Im Bungalow der Nachbarin ist alles in Gelb: Möbel, Vorhänge, Tapeten, Beleuchtung, ja sogar die Decke ist in Gelb. Welche Farbe hat somit die Treppe ins erste Stockwerk?

F. Wie lautet die Zahl, die das Fragezeichen ersetzt?

4 → 5 → 10 → 11 → 22 → 23 → ? → 47 → 94

(Lösungen S. 226)

Falls nicht alles gelöst – zum Trost:

»Fantasie ist wichtiger als Wissen.«
Albert Einstein
(Physiker, 1879–1955)

Aus allen Richtungen wird verkündet: Bewegung ist einfach super und ein unerlässliches Muss! Auch für das Gehirn.

Bewegen regt die Blutzirkulation an und versorgt das Gehirn mit mehr Sauerstoff und Energie. Dadurch wird die Konzentration verbessert und die geistige Leistungsfähigkeit gefördert. Schon ein minimaler Aufwand bewirkt viel, wie zum Beispiel ein kurzer Spaziergang.

Entspannung ist Bewegung in gegensätzlicher Richtung, nämlich durch Loslassen der Muskeln ohne jeglichen Kraftaufwand. Auch dadurch wird die Blutzirkulation gefördert.

Tipps für mühelose hirngerechte Bewegungen zwischendurch und bei »Durchhängern«

- Denk- und Lernblockaden können entschärft und die Hirnzellen mit gezielten Bewegungen angeregt werden:
  - Kreisendes Massieren der Stirn zwischen dem Haaransatz und den Augenbrauen. Nach Wunsch können ein oder mehrere Finger gleichzeitig eingesetzt werden. Ein Versuch mit überkreuzten Händen ist noch erfolgreicher.

- – Ein Streicheln, leichtes Kneten und Zupfen an den Ohrmuscheln und Ohrläppchen kann »Weckwunder« bewirken.
- – Überkreuzbewegungen von Armen und Beinen. Bei sicherem Stand dürfen Sie es wagen, mit überkreuzten Füßen auf und ab zu hüpfen, das regt garantiert an.
- – Stehen und Gehen auf den Fersen macht munter. Hin und her Wippen von den Fersen auf die Zehenspitzen bringt eine Steigerung des Übungserfolges. Aufgepasst, das Gleichgewicht nicht verlieren!

- Bequemlichkeit überwinden: aufstehen und holen oder wegräumen, was gerade anfällt.
- Regelmäßig für frische Luft sorgen.
- Von Kopf bis Fuß alle Gelenke bewegen, sich strecken und wieder völlig entspannen.
- Was immer Sie tun, die bestmögliche Haltung einnehmen, laufend korrigieren und leicht verändern.
- Treppen steigen, kleine Strecken zu Fuß gehen, spazieren, wandern, tanzen, schwimmen, Rad fahren; die bisher ausgeübten Sportarten den Möglichkeiten entsprechend weiterführen und Neues ausprobieren.

Bewegung fürs Gehirn hat nichts mit Leistungssport zu tun. Wer aber regelmäßig trainiert und immer schon Medaillen gesammelt hat, schadet weder sich noch seinem Gehirn, wenn er dieses Hobby weiterführt.

MERKFAEHIGKEIT

Merkfähigkeit – was ist das?

Das finden Sie heraus, wenn Sie sich als Nächstes die auf dem Schreibblock notierten Wörter merken und anschließend auswendig auf ein Blatt Papier schreiben.

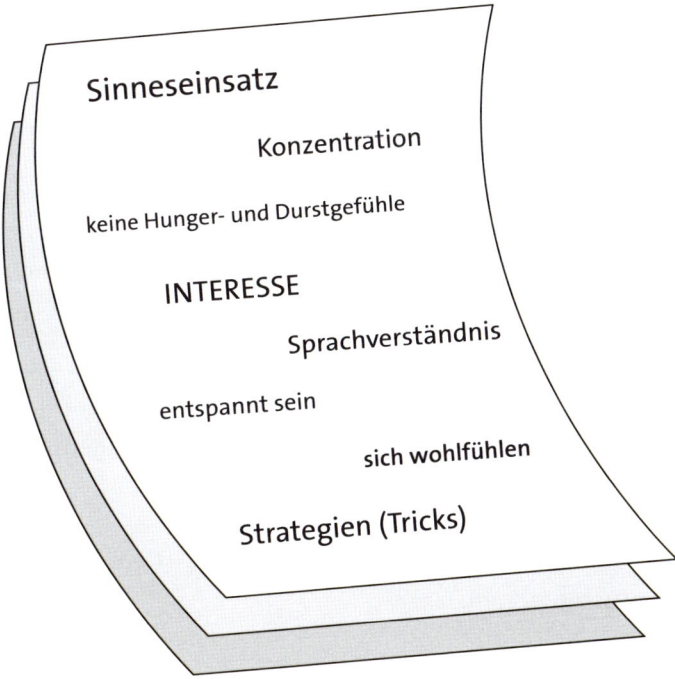

Sinneseinsatz

Konzentration

keine Hunger- und Durstgefühle

INTERESSE

Sprachverständnis

entspannt sein

sich wohlfühlen

Strategien (Tricks)

Haben Sie bemerkt, welche Schritte zu diesem Lernprozess nötig waren?

- Mit Ihren Augen haben Sie die Wörter gelesen, vielleicht dazu laut gesprochen, was das Behalten und Erinnern erleichtert. Noch besser wäre, wenn Sie die Begriffe abgeschrieben hätten. Sie haben somit zuerst Ihre **Sinne eingesetzt**.

- Während der ganzen Lernphase mussten Sie sich stets **konzentrieren**.

- Sie verstehen die Aussage der einzelnen Begriffe, können sich diese bildlich vorstellen und später über das Bild wieder abrufen. Mühevoll ist es jedoch mit »exotischen«, abstrakten Namen, für die das **Sprachverständnis** fehlt.

- Das Thema **interessiert** Sie, sonst hätten Sie das Buch bereits wieder weggelegt oder die Aufgabe übersprungen.

- Sie haben **Strategien** (Tricks) eingesetzt, um das Lernziel zu erreichen, wie zum Beispiel: die Begriffe wiederholt oder zu sinnvollen Gruppen zusammengestellt.

- Sie sollten sich bemühen, **entspannt zu sein** und sich möglichst **wohlzufühlen**. Die Denk- und Lernarbeit wird dadurch stark begünstigt.

- Achtung: **Durst- und Hungergefühle** lenken hartnäckig ab, und der Lernprozess wird gestört oder gar unmöglich gemacht.

Nun wissen Sie: Die Basis von Merkfähigkeit ist ein ganzes Bündel von Voraussetzungen.

Ohne Merkfähigkeit keine Lernfähigkeit!

Übungsteil

Konzentration

Üben – aber wie?

Nur nichts tun ist falsch!

Empfehlung

- täglich 5–15 Minuten üben (es darf auch mehr sein)
- vorerst eine Konzentrationsübung zum Aktivieren
- am besten je eine Übung aus jeder Kategorie (Konzentration, Sinne, Bewegung, Sprache, Logik, Merkfähigkeit); wichtiger als die Vielfalt sind die Freude und das Interesse
- viel Bewegung
- Pausen und Abwechslung nicht vergessen

Tipp
Lesen Sie Texte und Aufgabenstellungen sehr aufmerksam – wenn nötig mehrmals –, bevor Sie zu arbeiten beginnen.

Fingerspitzengefühl

Tippen Sie zügig die Zahlen 1–31 und zurück mit verschiedenen Fingerspitzen an. Die zarten Gebilde stellen Hirnzellen (Neuronen) mit Ansätzen der Verbindungen (Dendriten) zu andern Hirnzellen dar.

Ordnung bringt Klarheit!

Mit etwas Konzentration wird das Buchstabendurcheinander zu einem wichtigen Wort. Zwei vorwitzige Buchstaben haben sich aber heimlich eingeschlichen und sorgen vorerst für etwas Verwirrung. Die Buchstabenfolge stimmt.

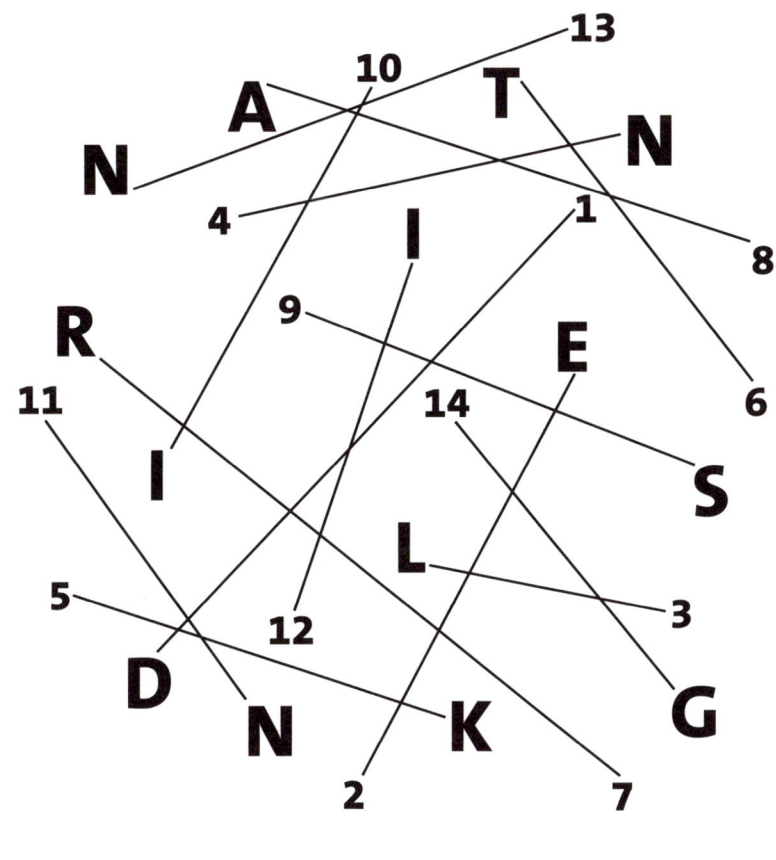

(Lösung S. 227)

Konzentration stärken

Die außergewöhnliche Koordination zwischen Hand und Augen erfordert ganz präzise Bewegungen, stärkt die Konzentration und die Zusammenarbeit der beiden Hirnhälften.

A. Verbinden Sie die Kreise in aufsteigender Reihenfolge (1 – 2 – 3 und so weiter bis 20), ohne den Bleistift vom Papier zu heben, dies möglichst rasch.

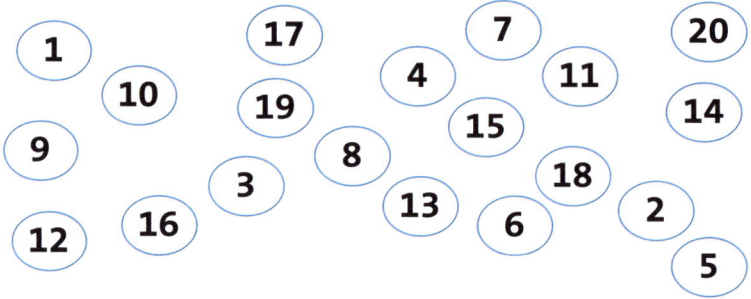

B. Verbinden Sie die Quadrate wie bei Übung A mit Bleistiftstrichen, wechseln Sie aber zwischen Zahlen und Buchstaben (1 – A – 2 – B – 3 – C und so weiter).

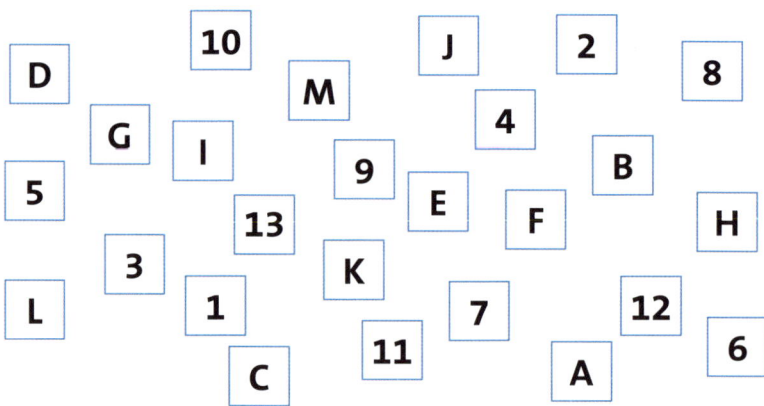

Ziffernpaare

Verschaffen Sie sich einen Überblick – vorerst ohne Notizen zu machen oder Verbindungsstriche zu ziehen.

- Wie viele Ziffernpaare sind auf dieser Seite durcheinandergewirbelt (ein Ziffernpaar ist hier eine zweistellige Zahl, zum Beispiel 41)?
- Welches ist die Zahl mit dem höchsten und welche mit dem tiefsten Wert?
- Welche Ziffernpaare zwischen der tiefsten und der höchsten Zahl sind doppelt, einzeln oder überhaupt nicht vorhanden?

(Lösung S. 227)

Zahlenmuster waagerecht anstreichen

Suchen Sie drei gleiche Zahlen in waagerechter Anordnung, und streichen Sie diese an. Arbeiten Sie so schnell wie möglich! Kontrolle durch zweiten Durchgang.

Beispiel:	357	~~999~~	795	123	~~333~~
	576	888	678	456	979
	555	432	908	553	383
	878	333	987	999	666
	667	235	989	777	577
	978	442	767	323	766
	333	557	532	000	090
	233	663	089	432	771
	276	886	989	343	555
	089	222	545	865	856
	342	757	975	984	579
	222	757	111	867	777
	276	477	323	999	669
	487	354	790	976	362
	454	888	353	999	009
	645	867	990	567	397
	343	666	364	775	666
	645	887	000	565	849
	452	976	325	777	203
	434	775	946	222	822
	243	666	354	824	537
	444	563	567	898	567
	124	333	254	144	555
	240	538	888	043	938
	587	098	376	980	980
	000	254	365	785	000

Blitzrechnen steigert die Konzentration

Berechnen Sie die Quersumme der Zahlen möglichst schnell
(Quersumme = Summe aller Ziffern einer Zahl)!

Beispiel: Quersumme von 795 ist 7 + 9 + 5 = 21

A	8426	=	....
B	3697	=	....
C	1582	=	....
D	2847	=	....
E	53487	=	....
F	96598	=	....
G	37273	=	....
H	3659875	=	....
I	2155479	=	....
J	8286534	=	....
K	38294571	=	....
L	52418623	=	....
M	65425468	=	....

(Lösung S. 227)

Zahlenpyramiden

Vereinzelte Zahlen sind bereits eingesetzt. Füllen Sie die leeren Felder mit den von Ihnen berechneten Zahlen.

In jedes leere Feld wird die Summe der beiden direkt darunter liegenden Rechtecke eingetragen.

Beispiel:

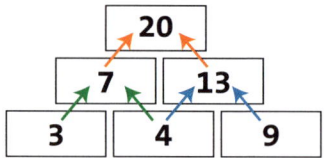

Bis die Pyramide gefüllt ist, müssen Sie ab und zu auch in die »untere Ebene absteigen«, das heißt statt zusammenzählen **abziehen**.

Pyramide 1

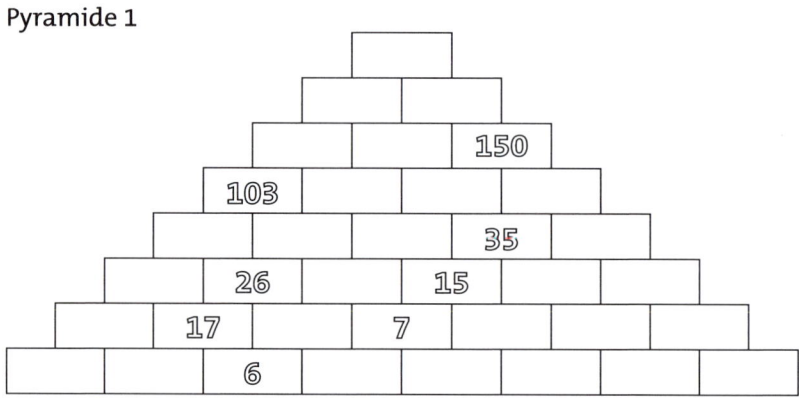

Pyramide 2

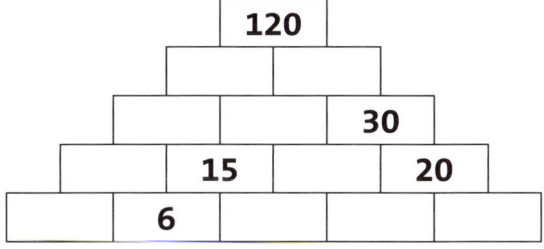

Pyramide 3

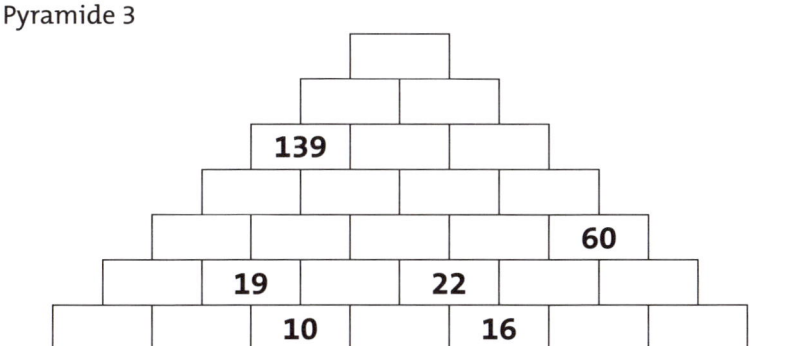

(Lösungen S. 228)

Wissenswertes:

Die drei Pyramiden von Gizeh in Ägypten sind das einzige erhaltene Bauwerk der sieben Weltwunder der Antike. Die größte und bekannteste Pyramide ist die circa 2560 v. Chr. erbaute Cheops-Pyramide. Die mittlere ist die des Pharaos Chephren und die kleinste die des Pharaos Mykerinos.

Verhexte Buchstaben

Lesen Sie **laut**, so wie die Aufgabenstellung oberhalb der Buchstabenreihen es vorgibt.

leicht

anstelle von O ein P und umgekehrt – statt P ein O																	
O	P	O	P	P	O	O	P	O	P	P	O	O	O	P	P	O
P	P	O	P	O	P	O	P	O	P	P	P	O	P	O	O	P

statt F ein E und umgekehrt – statt E ein F																	
E	F	E	E	F	F	F	E	F	F	E	F	E	E	F	F	E
E	E	F	E	F	F	E	F	E	F	E	E	E	F	F	E	F

anstelle von J ein I und statt I ein J																	
J	I	J	I	I	J	J	I	J	I	J	J	I	I	I	J	J
I	J	I	J	J	I	I	J	I	J	I	I	J	J	I	J	I

statt J ein I und umgekehrt – statt E ein F und umgekehrt																	
J	I	F	E	I	E	J	F	E	F	J	E	I	I	J	F	E
F	J	I	F	I	F	E	I	E	J	I	F	E	F	J	E	I

Diese Konzentrationsübung sollten Sie immer wieder zur Hand nehmen. Da das Gehirn rasch lernt und bei Wiederholung das Lösen von Aufgaben automatisiert, lesen Sie die verhexten Buchstaben zur Abwechslung von rechts nach links.

... und noch mehr verhexte Buchstaben

Lesen Sie **laut**, so wie die Aufgabenstellung oberhalb der Buchstabenreihen es vorgibt.

schwieriger

anstelle von N ein Z und umgekehrt – statt Z ein N																
N	Z	Z	N	Z	N	N	Z	Z	N	Z	N	N	Z	N	Z	Z
N	Z	N	Z	N	N	N	Z	N	Z	Z	Z	N	Z	N	N	Z

statt E ein A und umgekehrt – die übrigen Vokale wie geschrieben																
E	O	A	E	U	I	A	E	O	E	O	I	E	E	A	U	I
E	A	U	A	O	E	I	A	E	A	O	U	I	A	E	A	O

anstelle von N ein Z und von Z ein N – die übrigen Buchstaben werden richtig benannt wie geschrieben																
Z	N	Z	H	R	N	T	Z	Z	R	N	Z	N	N	T	R	Z
N	L	P	Z	N	K	L	N	Z	N	R	K	Z	N	Z	P	L

statt E ein A und umgekehrt – statt D ein B und umgekehrt – die übrigen Buchstaben wie geschrieben																
B	E	D	A	B	C	L	B	L	A	B	E	O	C	E	B	A
F	J	A	D	D	E	B	L	E	N	I	A	E	F	D	E	B

BRAVO!

... und wieder verhexte Buchstaben

Lesen Sie **laut**, so wie die Aufgabenstellung oberhalb der Buchstabenreihen es vorgibt.

schwer

anstelle von N ein Z – statt Z ein R – anstelle von R ein E																
N	Z	Z	N	Z	N	R	Z	Z	N	Z	N	R	Z	N	Z	Z
N	Z	N	R	N	N	R	Z	N	Z	R	Z	N	Z	R	N	R

statt E ein U – statt U ein K – die übrigen Buchstaben wie geschrieben															
E	O	H	E	U	N	K	E	O	U	K	I	E	B	F	U	A
U	A	U	N	K	E	K	U	E	A	C	U	I	T	E	K	U

anstelle von Z ein H – die übrigen Buchstaben wie geschrieben – beim Zeichen ★ mit der linken Hand auf den Tisch klopfen															
Z	N	Z	H	R	★	T	Z	Z	R	N	Z	★	N	★	Z	Z
N	★	H	Z	N	K	L	★	★	Z	R	K	Z	H	Z	P	★

statt F ein E – statt E ein L – anstelle von L auf den Tisch klopfen – die übrigen Buchstaben wie geschrieben															
L	E	D	F	E	C	L	B	L	E	F	E	L	C	E	B	F
L	J	E	D	F	E	B	L	E	F	E	A	E	F	L	E	F

NOCHMALS SCHNELLER!

Verhexte Buchstaben zum Letzten

Lesen Sie **laut**, so wie die Aufgabenstellung oberhalb der Buchstabenreihen es vorgibt.

anspruchsvoll

anstelle von U ein N – statt N ein R – anstelle von R mit linker Hand auf den Tisch klopfen – statt S mit rechter Hand auf den Tisch klopfen																	
R	N	S	N	U	S	N	S	U	R	U	N	U	R	U	N	R
N	S	U	N	U	S	N	S	U	R	U	U	N	U	S	R	U

alle Buchstaben um eine Stelle vorwärts verschieben (A = B, B = C, C = D und so weiter) – bei E und M klatschen														
E	A	G	E	M	N	K	E	B	U	K	M	D	E	S	V	E
L	A	U	M	K	E	F	E	E	D	C	M	P	E	F	K	M

anstelle von S ein Z – die übrigen Buchstaben wie geschrieben – beim Zeichen ★ links klopfen – bei ♣ rechts klopfen															
C	S	V	H	R	★	S	C	J	♣	N	S	★	N	★	C	L
S	★	H	B	♣	K	L	D	★	S	♣	K	Q	H	S	P	★

Ähnliche Übungen können Sie mit jeder Drucksache durchführen. Erfinden Sie Ihre eigenen Regeln. Zum Beispiel: »Anstelle von N sage ich laut S, und statt N sage ich O. Bei R stampfe ich mit den Füßen.«

GRATULATION!

Volle Aufmerksamkeit beim Entziffern

Farben – ihre Wirkung

FARBENVERSCHÖNERNNICHTNURUNSERNALLTAGS-
ONDERNSIEHABENEINEGROSSEWIRKUNGAUFDASVER-
HALTENVONMENSCHTIERUNDPFLANZENSIEBEEINFLU
SSENWOHLBEFINDENLEISTUNGSFÄHIGKEITGESUND
HEITUNDLAUNEFARBENTRAGENDAZUBEIUNSERGEMÜ
TIMGLEICHGEWICHTZUHALTENDERMENSCHISTEINRIE-
SIGESSENSORENBÜNDELMITHUNDERTTAUSENDEN-
VONSENSORENFÜRDIEAUFNAHMEVONFREQUENZEN-
WIEDIESTRAHLUNGSUNDSCHWINGUNGSKRÄFTEDER-
FARBENDIESEENERGIENLÖSENINUNSEREMNERVENSYS-
TEMVERSCHIEDENSTEREIZEAUSSOERKLÄRTSICHDASS-
WIRINEINEMBLAUGRÜNGESTRICHENENZIMMERBEI
15°CKÄLTEGEFÜHLEMPFINDENINEINEMORANGEFARB-
ENENABERERSTBEI12°CZUFRIERENBEGINNENINKLINIKE
NWIRDESBUNTERDASICHDIEPATIENTENINRÄUMENMIT-
HELLBLAUENZIMMERDECKENUNDPFIRSICHFARBENEN-
WÄNDENRASCHERERHOLENUNDDASOPERATIONSTEA-
MINGRÜNWENIGERERMÜDETALSINWEISSBEWOHNER-

EINERÖDENLANDSCHAFTHABENDURCHSCHNITTLICH-
EINENHÖHERENALKOHOLUNDDROGENVERBRAUCH-
ALSMENSCHENDIEINEINERFARBENFROHENZONE-
MITÜPPIGERFLORAWOHNENDESHALBSINDDIEHÄUS
ERINISLANDBUNTGESTRICHENKÜHEINEINEMLINDGRÜ-
NENSTALLGEBENMEHRMILCHALSTIEREDIEINEINEM-
DÜSTEREINTÖNIGENRAUMUNTERGEBRACHTSIND-
EINBLAUGESTRICHENERSTALLHATNURWENIGEFLIEGE-
NINEINEMORANGEFARBIGENKOMMENSIEINSCHAREN-
MÄUSEUNDRATTENSTERBENBEIEINFARBIGERDAUERBE-
LEUCHTUNGUNDEINCHAMÄLEONVERENDETBEREITS-
NACHEINERHALBENSTUNDEINEINEMROTENGEHÄUSE-
DEREINFLUSSDERFARBENISTBEEINDRUCKEND.

(Lösung S. 229)

»Die Farbe ist der Ort, wo unser Gehirn
   und das Weltall sich begegnen.«
   Gespräche mit Paul Cézanne,
   (Maler, 1839–1906)

»Bunt ist meine Lieblingsfarbe.«
   Walter Gropius (Architekt und
   Industriedesigner, 1883–1969)

Farben drücken Gefühle aus

Ordnen Sie spontan je ein Wort des rechten Feldes den angefangenen Sätzen im Feld links zu.

Rot ist die ....

Rot ist der ....

Rot ist die ....

Grün ist die ....

Grün bedeutet...

Gelb ist der ....

Gelb ist die ....

Blau ist die ....

Blau ist die ....

Blau steht für ....

Weiß ist die ....

Schwarz ist die ....

Unschuld
Liebe
Hoffnung
Trauer
Hass
Leben
Wut
Kühle
Missgunst
Sehnsucht
Neid
Frische

(Lösung S. 230)

Versteckte Farben

In der folgenden Tabelle sind sechs Farben des Regenbogens, die das Farbspektrum des natürlichen Lichts darstellen, versteckt. Die Begriffe können waagerecht, senkrecht und diagonal (schräg) eingefügt sein. Finden Sie alle sechs? Wappnen Sie sich mit etwas Geduld! Zudem können Sie ein weiteres zu dieser Gruppe passendes Wort entdecken. Welches?

d	r	u	v	b	b	m	n	o	t	i	g
d	f	g	h	j	l	a	n	c	r	o	t
b	o	n	m	a	a	b	v	x	c	l	n
m	r	p	o	i	u	z	t	r	e	i	g
q	a	w	g	e	r	t	z	u	i	e	o
p	n	u	a	r	a	s	d	f	l	g	h
j	g	k	l	y	u	x	c	b	v	b	n
m	e	q	e	r	n	e	i	u	d	b	m
n	b	v	c	x	p	i	n	z	t	r	n
r	e	t	u	z	t	u	n	i	o	p	a
s	r	e	g	e	n	b	o	g	e	n	n
m	o	s	v	i	o	l	e	t	t	r	e

1. .... 2. ....

3. .... 4. ....

5. .... 6. ....

Extrawort ....

(Lösung S. 230)

Berufe im Raster markieren

Sich in einem Raster zu orientieren, stärkt die Konzentration, aktiviert das Gehirn und fördert die Informationsverarbeitungsgeschwindigkeit. Deshalb machen Sie sich erneut auf die Suche; diesmal gilt es, zehn Berufe zu finden und zu markieren, am besten mit einem Buntstift. Finden Sie noch andere Wörter?

B	H	A	U	S	F	R	A	U	A	L	K	F
I	R	I	G	A	E	R	T	N	E	R	F	M
O	I	S	I	L	Z	A	H	N	A	R	Z	T
B	N	B	T	R	I	H	N	K	N	A	M	I
A	T	R	A	G	L	A	R	P	O	L	E	M
U	E	A	P	E	O	L	I	M	A	N	C	I
E	R	U	A	E	C	G	I	A	D	E	H	O
R	N	E	S	U	S	K	A	L	N	N	A	E
K	I	R	L	A	U	D	E	E	A	A	N	N
R	S	U	M	P	E	L	S	R	T	E	I	L
Z	T	C	H	E	N	R	O	S	E	N	K	R
M	A	N	N	F	T	I	L	O	M	I	E	K
K	O	N	D	I	T	O	R	H	E	R	R	C
V	I	E	L	♥	G	L	U	E	C	K	♥	♥

1. ....
2. ....
3. ....
4. ....
5. ....
6. ....
7. ....
8. ....
9. ....
10. ....

(Lösung S. 231)

Such-, Zähl- und Organisationsarbeit

Wie oft – wenn Sie alle Richtungen ausschöpfen und auch »um die Ecke« lesen – können Sie die Buchstabenfolge K I N D zusammenhängend entdecken?

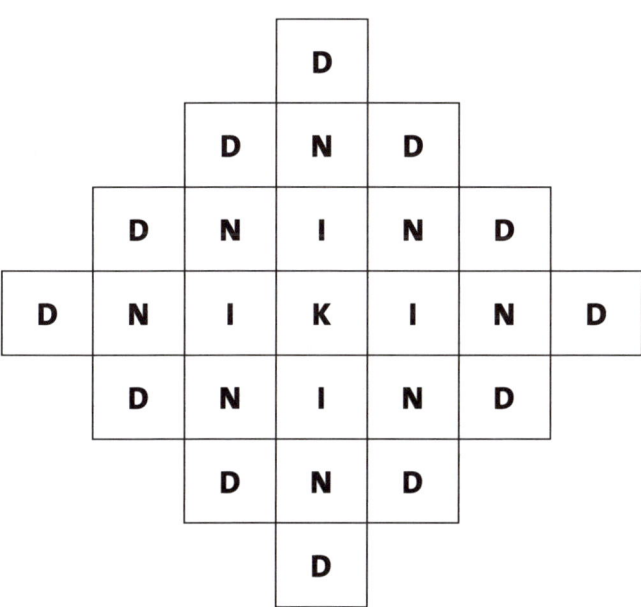

»um die Ecke« lesen = ⌐ ⌐ …

(Lösung S. 232)

Eine weitere Aufwärmübung

Zum Aktivieren und »Aufwärmen« ist diese einfache Übung besonders geeignet.

Unterstreichen Sie im folgenden Text zügig alle »ER«/»er«, auch wortübergreifende (zum Beispiel: lieb<u>e R</u>uth).

Musik macht klüger

Amerikanische Wissenschaftler der Ohio State University in Columbus wollten es wieder mal beweisen: Klassische Musik erhöht die geistige Leistungsfähigkeit und macht klüger. Ein Team um den Forscher Charles Emery startete ein ungewöhnliches Experiment mit Männern und Frauen, die eine Herzoperation hinter sich hatten. Die Versuchsteilnehmer trainierten während einer gewissen Zeit je 30 Minuten auf einem Laufband. Anschließend mussten sie rasch einen Test ablegen: möglichst viele Wörter zu vorgegebenen Gebieten notieren. Einige bewegten sich zu leichten Geräuschen, andere zu Vivaldis »Vier Jahreszeiten«und eine weitere Gruppe tonlos. Das beste Resultat erreichte durchweg die Gruppe mit den »Vier Jahreszeiten«.

(Lösung S. 232)

Städte, Länder, Berge, Flüsse – und das alles fortlaufend in kleinen Buchstaben!

Lesen Sie den nachfolgenden Text aufmerksam durch. Markieren Sie die Städte, Länder, Berge und Flüsse, die Sie finden können. Achtung! Mit dieser Aufgabe stellen Sie zusätzlich Ihren Durchhaltewillen auf die Probe.

Alssichdieerstenmenschenentwickeltenlebtensieinhöhlenoder-
einfachenhüttenmitderzeitgabesimmermehrmenschensielern-
tenmitwerkzeugenumzugehenundgroßehäuserzubauenundd-
ortwodasklimaangenehmundauchausreichendtrinkwasservor-
handenwarbegannensieschonvorjahrtausendenmitdembaugan-
zerstädteheutegibtesunzähligegroßstädtemanchedavonsindgrö-
ßeralsganzeländeralsdiegrößtestadtderweltgiltmexikostadthier-
sollenüberzwanzigmillionenmenschenlebendochdiegenauezahl-
kenntniemanddennmankanndieeinwohnerderstadtkaumzählen-
tagtäglichkommenzehntausendehinzuundniemandregistriert-
siemexikostadtistgutfünfzigkilometerlangundesdauertstunden-
mitdemautovoneinemendederstadtzumanderenzufahrenvor-
fünfhundertjahrenalsnochdieaztekeninmexikolebtenlagdiestad-
tinmitteneinesseesderseeistinzwischenunterdenhäusermassen-
verschwundendaswasserwurdevondensteinenundgebäudenver-
drängtdochdiespurendesehemaligenseessindheutenochzusehen-
diestadtstehtaufschwammigemlanddasunterderlastdergebäude-
nachgibtüberalldiemenschenundhäuservonmexikostadttragtdervu
lkan(berg)popocatepetleristfünftausendvierhundertzweiundfünf-
zigmeterhochundaktivdasheißtausseineminnernkannjederzeitla-
vaemporkommendiehohentemperatureninmexikoerlaubenesbis-
aufviertausendachthundertmeteraufdenvulkanzufahrendenner-
stoberhalbvonviertausendachthundertmeterhöheliegeneisund-
schneegleichnachmexikostadtistsaopauloinbrasiliendiezweitgröß-

testadtderwelthiersollenknappneunzehnmillionenmenschenle-
bendiemeistenriesenstädtegibtesallerdingsinchinawoinsgesamt-
übereinemilliardemenschenlebendochdazumehrinformationen-
wennwireinmaleinetraumreisedurchchinaentlangdesjangtseki-
angmachen.

(Lösung S. 233/234)

Alphabet und Fantasie

Überprüfen Sie zügig die ABC-Aufzählungen. Notieren Sie die fehlenden Buchstaben, und finden Sie dann das Wort, das mit den »Ausreißern« geschrieben werden kann.

Beispiel:

	ABC-Aufzählung	fehlende Buchstaben	gefundenes Wort
	ABDFGIJKLMOPQRTVWXYZ	CEHNSU	SUCHEN

	ABC-Aufzählung	fehlende Buchstaben	gefundenes Wort
1	BCDEFHIJKLMNOPQRSUVWXYZ		
2	ABDEFGJKLMOPQRSUVWXYZ		
3	ABCDFHJKLMNOPQTUVWXYZ		
4	ABCDEFGHIJKLMNOQTVWXYZ		
5	BCDFGHIJMOPQSTUVWXY		
6	ABCDFIJKMNPQRSTUVXY		

Flechten Sie nun die sechs Wörter in einen von Ihnen erfundenen Text ein.

Nach Lösen der Aufgabe interessiert es Sie vermutlich, welchem Text diese Begriffe entnommen wurden ...

(Lösung S. 234)

Sichere Durchfahrt

Anstelle des Rennwagens nehmen Sie einen spitzen Schreibstift zur Hand und ziehen, ohne die Straßenränder zu berühren, einen sicheren Strich mitten durch die kurvenreichen Wege. Sie wollen siegen: also rasch und sicher losziehen!

Mit einem andersfarbigen Stift und der schreibungewohnten Hand »fahren« Sie die Strecken erneut ab. Als Zusatzübung gleich noch mit der rechten, dann mit der linken Hand den Weg rückwärts in die Boxen.

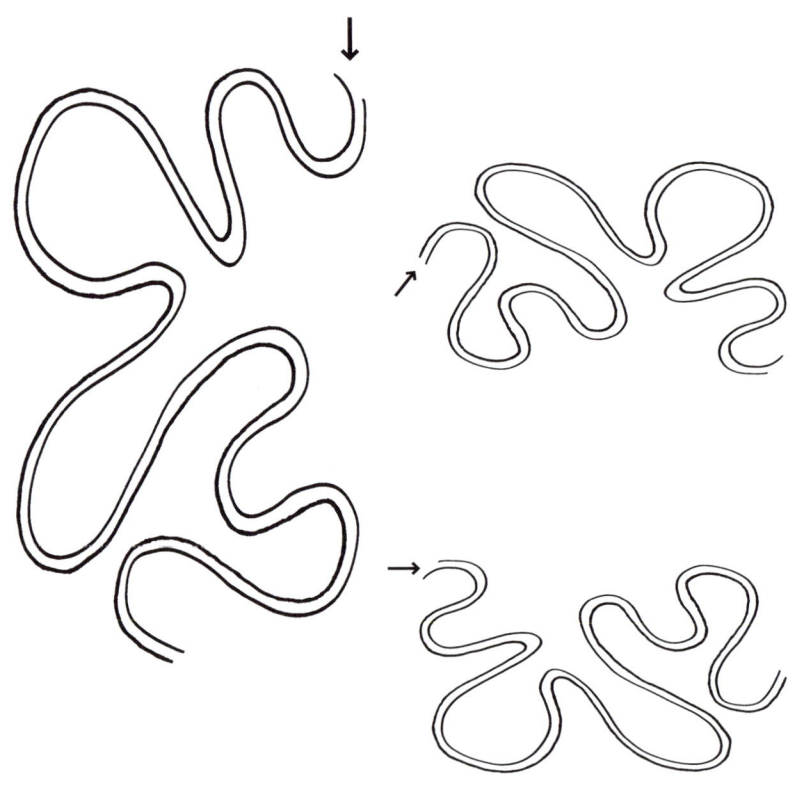

Eigenartige Laune der Natur – etwas für die Konzentration!

Markieren Sie die Bildausschnitte 1. bis 10. am richtigen Ort auf dem etwas speziellen Blumenblatt.

1.

2.

3.

4.

5.

6.

7.

8.

9.

10.

(Lösung S. 235)

Trockenübungen mit den Klaviertasten

»Spielen« Sie mit allen zehn Fingern wie auf einer reellen Tastatur!

Starten Sie mit dem Antippen von A bis Z und von Z bis A. Und nun geht es so richtig los: mit Ihrem Namen, Ihrer Adresse und allem, was Ihnen in den Sinn kommt.

obere Buchstabenreihe = schwarze Tasten
untere Buchstabenreihe = weiße Tasten

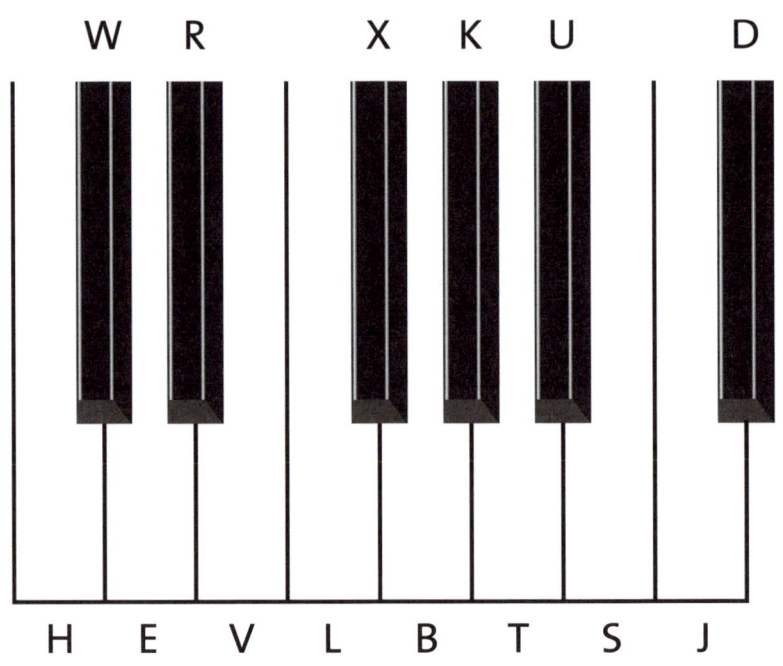

schwieriger: Hände kreuzen

Fortsetzung von Seite 32

Zitat von Ernst Jünger

Mit etwas Ordnung lässt sich der Satz leichter entziffern.

DIE WRAHE FEILHAUT GÖHERT ZU DEN
PARADEISESCHIN TEGUNDEN.

(siehe weiter Seite 82)

Zum Nachdenken:

> »Wir verlangen sehr oft nur deshalb Tugenden von anderen,
> damit unsere Fehler sich bequemer breit machen können.«
> *Marie von Ebner-Eschenbach (österreichische*
> *Schriftstellerin, 1830–1916)*

Augen

»Sehsünden«

Das Entziffern von Spiegelschrift fordert große Konzentration und zusätzliche Hirnarbeit.

Bereits ein verspannter Nacken kann zu Sehproblemen führen. Die Blutzirkulation erreicht zunächst die wichtigsten Sehzentren im Hinterkopf. Ist der Nacken verspannt, ist die Blutzirkulation reduziert und dadurch auch die Sehleistung.

Ein angestrengter Blick verbraucht mehr Energie als entspanntes Sehen, und die Sehkraft erschöpft sich schneller als sie regeneriert. Gelingt es, die Augenmuskeln zu entspannen, wird das Auge besser durchblutet, was die Regenerationsfähigkeit der Netzhaut unterstützt. Grün regt die Bildung neuer Zellen an und ist die Farbe, die für das Auge am wohltuendsten ist. Licht, Farbe und Dunkelheit werden bewusst nur mit den Augen wahrgenommen.

(Lösung S. 236)

Tipps für unentbehrliche »Augen-Erholungspausen«

- Massage bei geschlossenen Augen: Mit den Fingerkuppen sanft am Knochenrand der Augenhöhlen entlang kreisen.

- »Verdunkeln« der Augen: Sich bequem hinsetzen. Handflächen reiben. Sanft über die geschlossenen Augen legen. Alle Anspannung loslassen. Die Augen kommen erst zur Ruhe, wenn Sie kein Flimmern, Blitzen und Zucken im Dunkeln mehr feststellen können.

- Räkeln Sie sich voller Wonne, und gähnen Sie dabei ausgiebig. Der ganze Körper wird dadurch reichlich mit Sauerstoff versorgt, die Gesichtsmuskeln werden entspannt. Gähnen regt zudem die Tränenkanäle an, was die Augen besser befeuchtet.

- Schultern und Nacken entspannen und tief durchatmen.

In Operationssälen dominiert die Farbe Grün, um die Augen der Ärzte zu entlasten.

»Meine Brille ist verschwunden.« – »So such sie halt.« – »Blöde Antwort, du weißt doch, dass ich sie erst suchen kann, wenn ich sie gefunden habe. Vorher sehe ich sie ja nicht.«

Veränderungen im Blumenstrauß

Achten Sie auf kleinste Einzelheiten, und entdecken Sie dabei 10 Unterschiede zwischen den beiden beinahe identischen Skizzen.

A

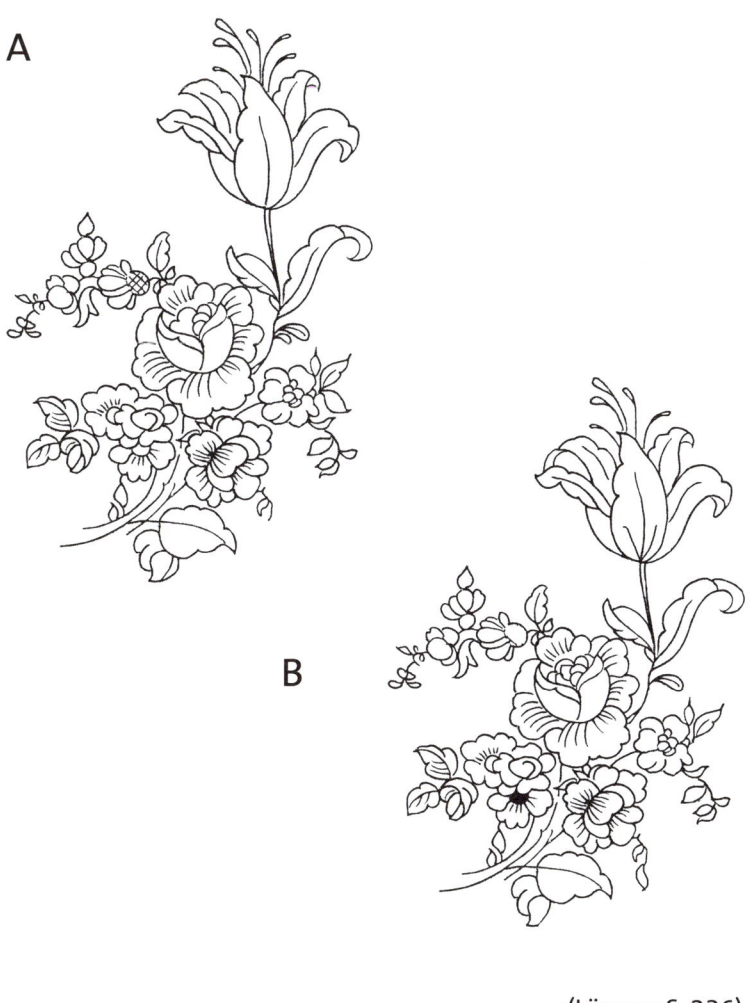

B

(Lösung S. 236)

Bild in Streifen zerschnitten

Ohne Schere und Kleister setzen Sie das Bild im Kopf zusammen. Notieren Sie die richtige Zahlenfolge. Achten Sie auf Einzelheiten.

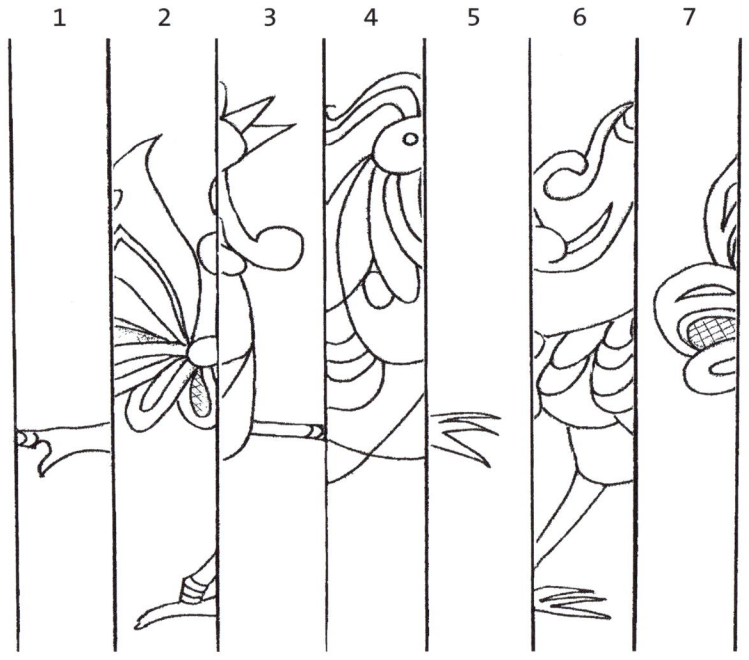

(Lösung S. 237)

Bevor Sie eine Postkarte entsorgen, zerschneiden Sie diese in Streifen und setzen Sie sie wieder zusammen. Je nach Muster kann das recht schwierig sein, besonders, wenn Sie mit dem Rekonstruieren etwas warten. Für höhere Ansprüche zerschneiden Sie kreuz und quer ein Kalenderbild (bei schlechter Papierqualität erst auf einen dünnen Karton einer Wegwerfpackung kleben).

Bild falsch zusammengesetzt

Das Bild wurde leider falsch zusammengesetzt, zudem könnten einzelne Felder verdreht sein. Notieren Sie in den leeren Feldern die Buchstaben der Bildteile, die an diese Stelle gehören, oder zeichnen Sie diese ein. Sie benötigen weder Schere noch Kleister, das ist reine Kopfarbeit.

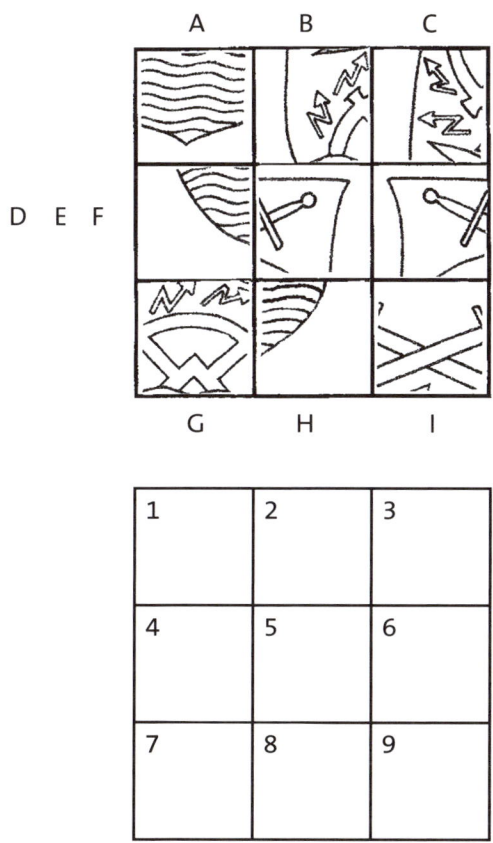

(Lösung S. 237)

Ohren

Was hören Sie wie?

Schreiben Sie 20, nein 30 oder mehr Geräusche auf, wenn möglich mit einer treffenden Beschreibung. Nur wenn Sie sich in Erinnerung rufen, wie die unzähligen verschiedenen Klänge tönen, wird Ihnen der unendliche Geräuschereichtum bewusst werden.

> Beispiel: schrilles, blechernes Weckergerassel oder dumpfes, schweres Stampfen der Turbinen

Hörkonzentration

A. Stellen Sie den Fernseher oder das Radio Stufe um Stufe leiser. Konzentrieren Sie sich voll aufs Hören.

B. Wenn Sie allein im Kaffeehaus sitzen, gestatten Sie sich eine »Unanständigkeit«: Versuchen Sie unauffällig dem Gespräch am Nachbartisch zu folgen.

C. Wo immer Sie sich aufhalten, erraten Sie nach genauem Horchen, was oder wer das wahrgenommene Geräusch verursacht und aus welcher Richtung es kommt.

D. Nehmen Sie sich Zeit, und bemühen Sie sich, das Klangbild Ihrer Hausklingel zu hören. Haben Sie den Ton »im Ohr«? Anschließend kontrollieren!

Weitere Geräuschquellen zum Üben der klanglichen Vorstellungskraft: Schließen der Kühlschranktür und der Autotür, Ihr eigener Schritt mit Ledersohlen auf Steinboden, das Mischen der Salatsauce, das Zähneputzen und so weiter.

Wahrhaftig, der Alltag, die Welt ist voller Geräusche, und das Gehör ist einer akustischen Dauerbelastung ausgesetzt. Selbst im Schlaf bleibt es aktiv, und das Gehirn entscheidet selbstständig, ob es auf die Lärmwahrnehmung reagiert und der »Hirnbesitzer« geweckt werden muss.

Musik, Kommunikation, Vogelgesang sind wunderbar, aber ständige Geräusche verursachen Konzentrations- und Lernprobleme und lösen Stressreaktionen aus. Das trifft bereits ab ungefähr 50 Dezibel zu, was einer normalen Unterhaltung entspricht. Bei längerer Einwirkung können ab 70 Dezibel bereits Hörschäden entstehen, zum Beispiel durch Staubsauger, Autoverkehr, lautes Babygeschrei (nach Elke Brüser: Wieder besser hören, Stiftung Warentest, Berlin, 2005). Wissenschaftler fordern mehr Ruhe für die Ohren, um Hörschäden vorzubeugen.

»Musik wird oft nicht schön empfunden, weil sie stets mit Geräusch verbunden.«

Wilhelm Busch (Dichter, Maler, Zeichner, 1832–1908)

Tipps gegen Lärmschäden

- Gönnen Sie Ihren Ohren tägliche »Stillepausen«.

- Vermeiden Sie ständige Berieselung durch Radio, Fernseher und weitere Tonträger.

- Benutzen Sie bei erhöhtem Lärm einen Gehörschutz.

- Für überforderte Ohren ist ein Spaziergang in freier Natur eine erholsame Ablenkung.

Bei Tinnitus (ständigem Pfeifen und Rauschen im Ohr) kann eine schonende Schallkulisse das störende Ohrgeräusch überlagern und den Leidensdruck mäßigen.

Eine Ehefrau wendet sich beunruhigt an den Hausarzt: »Ich mache mir große Sorgen um das Gehör meines Mannes. Oft rede ich stundenlang auf ihn ein und stelle nachher fest, dass er überhaupt nichts mitbekommen hat.« Der Arzt lächelt: »Das ist keine Krankheit, sondern eine beneidenswerte Begabung!«

Interessante Fachausdrücke aus dem Bereich »Hören« finden Sie ab Seite 211.

Nase

Mit der Nase vorn

A. Notieren Sie 10 oder mehr Redewendungen, die mit Riechen, Duft oder Nase etwas zu tun haben.

(Lösung S. 239)

B. Trainieren Sie häufig Ihr Riechorgan: »Beschnuppern« Sie Ihre nächste Umgebung!

- Wie riecht das Leitungswasser, das Mineralwasser?
- Welcher Duft dominiert in diesem Raum?
- Wie nehme ich den Unterschied zwischen Tee- und Kaffee-duft wahr?
- Gibt es einen Duftunterschied vor und hinter der Haustür?
- Wie riechen Blumen, Blätter, Früchte, Gemüse, Gewürze, Gerichte und Getränke?

C. Bestimmen Sie Ihren Lieblingsduft! Je nach Stimmung werden Sie eine andere Wahl treffen.

D. Spielen Sie mit Düften, indem Sie zwei, drei Aromen mit-einander vermischen.

Beispiel: Ein Apfelstück und einen Walnusskern in den zu einer Halbkugel geformten Händen halten. Hände beinahe schließen und Inhalt durch ein »Riechfenster« beschnuppern. Prüfen Sie verschiedene Kombinationen; tröpfeln Sie zum Beispiel Flüssigkeiten auf ein Papiertaschentuch.

E. Beobachten Sie sich, wenn es sehr unangenehm riecht. Welche Gedanken gehen Ihnen durch den Kopf? Was empfinden Sie? Welche Reaktionen wünscht Ihr Körper?

Die Nase dient nicht nur zum Ein- und Ausatmen, sondern sie wärmt, reinigt, befeuchtet die Atemluft, ist ein zusätzlicher Resonanzraum für die Stimme und nimmt Duftstoffe wahr, die das Hirn analysiert. Mit den rund 23.000 Atemzügen pro Tag gelangt ein Riesenstrom von Duftmolekülen in die Nasenhöhle. Trotzdem wird die Bedeutung des Riechvermögens meistens unterschätzt.

Ein angenehmer Duft eines Gerichtes regt die Produktion von Speichel und Magensaft an, was den Verdauungsprozess unterstützt. Üble Gerüche von Speisen sind ein Warnzeichen, damit verdorbene Lebensmittel entfernt werden.

Wenn bei einer Erkältung die Schleimhaut der Nase schwillt, ist der Weg zu den Riechzellen versperrt, und mit dem Riechen ist Schluss. Das Schmecken ist dann ebenfalls beeinträchtigt.

Versuch: Da Sie hoffentlich nicht verschnupft sind, halten Sie sich beim Genuss von Schokolade oder einer andern Köstlichkeit die Nase zu. Sie werden feststellen, dass Sie etwas Süßes essen, aber das spezifische Aroma bleibt Ihnen verborgen.

Können Sie sich die folgende Duftkombination vorstellen? »*Der Grundton mit Papayas und grünen Duftnoten ist frisch und rein wie die Gletscherluft bei Sonnenaufgang. Dazu gesellt sich in der Herznote das sensible Aroma von reifen Erdbeeren und verlockendem Rosenelixier.*« Das ist eine Beschreibung für ein neues Parfum. Lächerlich, geschwollen meinen Sie? Dann beschreiben Sie doch Ihr Duft- oder Rasierwasser! – Und? Sind die treffenden Worte notiert?

Wenn ja, gratulieren wir. In der deutschen Sprache fehlen nämlich weitgehend die Ausdrücke für Riecherlebnisse. Aber es gibt viele Redewendungen, die mit Riechen und Nase in Zusammenhang stehen.

Tipp
Werden Sie »duftbewusst«, denn angenehme Düfte machen gute Laune.

Zungenbrecher

Nanu, Nachbar Näfs neue Nase näselt noch nicht.

Fortsetzung von Seite 70

Lösung: Zitat von Ernst Jünger

DIE WAHRE FAULHEIT GEHÖRT ZU DEN PARADIESISCHEN TUGENDEN.

»Warum auf morgen verschieben,
was ich heute schon vergessen kann?«
(Autor unbekannt)

Zunge

Bewusst schmecken

- Kosten Sie bewusst und eingehend pro Mahlzeit mindestens einen Bissen – das ist zudem vorteilhaft für die Verdauung.

- Probieren Sie öfters unbekannte Produkte.

- Nehmen Sie einen ersten Bissen eines noch nicht gewürzten Gerichtes und halten Sie fest, wie es Ihnen schmeckt. Interessant ist der Vergleich mit der anschließend aromatisierten Speise.

- Ob süß, sauer, mild, scharf – würzen Sie Ihre Alltagskost immer wieder ein bisschen anders.

- Was passiert mit Ihrem Körper, wenn Sie in eine Zitronenscheibe beißen?

Ein Mensch hat bei seiner Geburt circa 10.000 Geschmacksknospen. Im Laufe des Lebens reduzieren sich diese, bis schließlich nur noch zwischen 600 bis 2000 übrig bleiben.

Die Zunge kann vier Geschmacksrichtungen erkennen. Die Zungenspitze nimmt »süß« wahr, die Zungenränder »salzig« und »sauer« und der hinterste Teil der Zunge »bitter«. Die Geschmacksknospen für »bitter« sind 10.000-mal sensibler als jene für »süß«; die giftigen, meist bitteren Substanzen können dadurch besonders schnell erkannt werden.

Einige Forschergruppen vertreten zusätzlich eine fünfte Unterscheidung – für Fleisch, genannt »umami«.

Mund und Nase sind durch die Rachenhöhle miteinander verbunden, und die beiden Sinne arbeiten eng zusammen. Vieles, das wir zu schmecken glauben, nehmen wir in Wirklichkeit durch die Nase wahr. Wenn die Nase also verstopft ist, mundet nichts mehr wie gewohnt.

Die Zunge hat noch andere Aufgaben:

- Sie verteilt die Nahrung zwischen den Zahnreihen und leitet diese Richtung Speiseröhre weiter.

- Sie zerdrückt die Nahrung und vermischt sie mit Speichel.

- Beim Sprechen und Artikulieren ist sie ein entscheidendes Werkzeug.

- Die Zunge ist ein direktes Ausdrucksmittel für Emotionen, wie zum Beispiel Ärger oder Ekel.

Tipp
Nutzen und genießen Sie die »neu gewonnene Wachsamkeit« auf jedem Gebiet.

Die Kellnerin fragt beim Kassieren routinemäßig: »Hat Ihnen das Gulasch gemundet?« – »Einigermaßen«, antwortet der Gast, »aber ich habe schon Besseres gegessen.« – »Aber bestimmt nicht bei uns«, entschuldigt sich die Kellnerin.

Haut (fühlen)

Mit Fingerspitzengefühl

- Lassen Sie sich von jemand anderem Gegenstände unter einem Tuch oder in einer Tasche bereitlegen, die Sie dann blind ertasten.

- Waschen Sie sich die Hände ganz, ganz langsam und spüren Sie bewusst den Empfindungen hinterher.

- Schauen Sie in die Ferne und zeichnen Sie gleichzeitig mit einem Finger der rechten Hand Konturen von dem, was Sie sehen, auf den linken Handrücken, dann in die Handfläche. Seitenwechsel und der Reihe nach alle Finger einsetzen.

- Ertasten Sie im Badezimmer mit geschlossenen Augen den Inhalt der Ablage (gefährliche Utensilien vorher entfernen). Können Sie die Gegenstände exakt erkennen und benennen? Gleiche Übung mit einer Schublade mit viel Krimskrams, einer Schachtel, einer Tasche und so weiter.

- Betasten Sie – entgegen aller guten Erziehungsgrundsätze – alles, was Ihnen in die Hände kommt.

Die Hautoberfläche eines erwachsenen Menschen beträgt 1,5 bis 2 Quadratmeter und macht beinahe ein Sechstel des Körpergewichtes aus. Sie ist das größte Organ und bildet gegenüber der Außenwelt eine schützende Hülle. Ihre Aufgaben sind vielfältig:

Schutz
- vor Kälte, Hitze und Strahlung
- vor Verlust von Wasser und Wärme
- gegenüber Druck, Reibung, Stößen
- vor Eindringen von Mikroorganismen
- vor chemischen Schädigungen

Die verschiedenen Reize werden ins Gehirn weitergeleitet, das die Art der Empfindung und den genauen Ort identifiziert. Die Tastpunkte sind unregelmäßig, aber sinnvoll verteilt. So gibt es an den Fingerkuppen, der Zungenspitze und den Fußsohlen viel mehr von ihnen als an der Nasenspitze oder am Ohrläppchen.

Durch den Tastsinn werden auch die Gefühle beeinflusst. Ob Sie ein seidenes Tuch oder ein Blatt einer Stechpalme in den Händen bewegen, löst ganz verschiedene Empfindungen aus. Tasten, Fühlen, Berühren und Berührtwerden spielen für späteres Erinnern eine bedeutende Rolle – allerdings nur, wenn die Reize bewusst wahrgenommen werden.

Viele sich wiederholende Abläufe aus dem Alltag erfolgen automatisch und begleitend zu einer anderen Tätigkeit. Oder denken Sie beim Zähneputzen daran, was Sie bei der Hin- und Herbewegung der Bürste alles im Mund empfinden? Meistens verweilen Ihre Gedanken beim erwarteten Tagesablauf oder einem Problem, das Sie ganz besonders beschäftigt. Aus dieser Automatik ergibt sich immer wieder die Situation, dass Sie nicht mehr sicher sind, ob Sie zum Beispiel ein Gerät ausgeschaltet oder die Haustür abgeschlossen haben.

Bewegung

Übungen für die Hände

- Leichtes Trommeln mit den Fingern.

- Hände falten (erfinden Sie verschiedene Varianten).

- Fingerspitzen gegeneinander drücken.

- Ein Papier zu einem kleinen Ball zerknüllen.

- Ein Wollknäuel, einen weichen Ball oder formbares Material zusammendrücken oder bearbeiten, zum Beispiel Knete, Ton, Teig, Sand.

- Puzzleteile aussuchen und einpassen.

- Geschicklichkeits-, Geduldsspiele ausprobieren.

- Schleifen binden.

- Knöpfe in Bändern und Schnüren lösen.

- Empfindliches Kleidungsstück von Hand waschen.

- Kieselstein in den Händen rollen.

- Musizieren.

- Faust machen, kurz halten, anschließend entspannen.

- Schwieriger: bei einer Faust den Daumen »einpacken«, bei der anderen Daumen in die Luft strecken. Dann wechseln, das heißt den »Guck-in-die-Luft-Daumen« einpacken und den eingepackten in die Höhe strecken. Einige Male rasch wechseln. Das anschließende Entspannen und Ausschütteln nicht vergessen.

- Mit der einen Hand auf dem Tisch Kreise drehen, mit der andern gleichzeitig gerade Linien hin und her streichen. Seitenwechsel.

- Ein Stück Pappe (Bierdeckel besonders geeignet) ein Drittel über die Tischkante hinausragen lassen. Von unten mit den Fingerspitzen hochwerfen und mit der gleichen Hand auffangen, bevor der Karton auf dem Tisch oder Boden landet. Die gleiche Übung auch mit der weniger geübten Hand ausführen.

- Finger einzeln abspreizen, die übrigen bleiben eng zusammen. Besondere Schwierigkeiten bereitet meistens der Ringfinger. Anschließend Hände, Arme und Schultern lockern und entspannen.

Übungen für die Arme

Übung

- Arme von sich wegstrecken und kreuzen. Handflächen gegeneinander drücken (Arme bleiben überkreuzt). Hände falten und gefaltet gegen sich drehen, nach vorn und zurück schwingen.

- Mit einem Arm ausholende Kreise drehen, gleichzeitig mit dem anderen gerade Linien ziehen: nach vorn, zurück, nach vorn, zurück ... – Seitenwechsel.

- Einen Arm Richtung Decke, den anderen Richtung Boden strecken. Mehrere Male rasch wechseln, dabei die nach oben ragende Hand zur Faust schließen, die nach unten zeigende öffnen.

Übungen für die Beine

- Auf dem Stuhl sitzend beide Beine miteinander möglichst hoch heben und Füße aus dem Gelenk heraus kreisen.

- Mit einem Fuß Kreise auf dem Boden, mit dem anderen gleichzeitig gerade Linien ziehen. Dann Seitenwechsel.

- Nicht vergessen: immer wieder **entspannen**.

- Mit oder ohne Musik sich rhythmisch bewegen, tanzen.

- Überkreuzbewegungen nach eigenen Ideen. Beispiel: rechte Hand auf linkes Knie, vor der Brust in beide Hände klatschen, linke Hand auf rechtes Knie, hinter dem Rücken klatschen. Diesen Bewegungsablauf einige Male wiederholen. Kann sitzend, besser aber stehend ausgeführt werden.

- Auf der Stelle Füße abrollen.

- Auf einem Bein stehen. Schwierig wird diese Gleichgewichtsübung mit geschlossenen Augen (sich vergewissern, dass man sich im Notfall halten kann und nicht stürzt).

- Zu Fuß gehen, spazieren, wandern, Treppen steigen ... Jede Gelegenheit zum Bewegen benutzen.

Körperliche Betätigung hat viele positive Auswirkungen:
- geistige Aktivierung durch bessere Hirndurchblutung
- unterstützt den Stressabbau
- erhöht die Immunabwehr
- reduziert Krankheitsanfälligkeit und Unfallrisiko
- stärkt das Selbstwertgefühl

Merke: »Bewegen ist Leben!«

Tipp

Mit dem Essen bereits aufhören, wenn Sie einen weiteren Löffel voll noch gut und gerne vertragen könnten.

Eine korpulente Dame bittet den Arzt um ein Rezept zum Abnehmen. »Da hilft nur Bewegung«, empfiehlt er. – »Wie meinen Sie das, Kniebeugen und so was, Herr Doktor?« – »Oh nein«, antwortet er, »ich meine Kopfschütteln, wenn Ihnen etwas zum Essen angeboten wird.«

Anderntags begegnen wir dieser Dame im Kleiderladen. Sie verlangt Kostüme, die zwei Nummern zu groß sind. Die Verkäuferin will ihr verständlich machen, dass sie mit den kleineren Größen eleganter gekleidet wäre. »Kommt nicht infrage«, antwortet die beleibte Dame entschieden, »ich will meinem Mann nämlich beweisen, dass ich abgenommen habe.«

Im Weiteren entscheidet sie, die Diätkur mit den zwei wöchentlichen Fastentagen auf den Winter zu verschieben mit der Begründung, die Tage seien zu dieser Jahreszeit kürzer.

Gegenteiliges tun

Lesen Sie **laut** die Befehle in den Feldern, aber führen Sie mit beiden Armen rasch und gleichzeitig das **Gegenteil** aus. Steht »links«, dann zeigen Sie mit beiden Armen so ausladend wie möglich nach rechts; statt nach »unten« gehen beide Arme hoch. Wenn möglich stehend ausführen und (vergrößerte) Tabelle in Augenhöhe an Türe, Fenster oder Wand heften. Übung häufig wiederholen.

RECHTS	OBEN	LINKS	OBEN	RECHTS
LINKS	VORNE	RECHTS	UNTEN	HINTEN
OBEN	LINKS	VORNE	HINTEN	UNTEN
HINTEN	RECHTS	OBEN	LINKS	VORNE
LINKS	HINTEN	UNTEN	RECHTS	OBEN
UNTEN	LINKS	RECHTS	VORNE	LINKS
VORNE	UNTEN	HINTEN	LINKS	RECHTS

Diese Tabelle können Sie

von links nach rechts →   von rechts nach links ←

von oben nach unten ↓   von unten nach oben ↑

und fortlaufend in Wellenlinien ⌒ ∿

lesen und durchführen.

Fingergymnastik und Konzentration

Jeder Finger vertritt eine Ziffer von 0 bis 9. Die Hände legen Sie flach auf den Tisch, Finger leicht gespreizt. Je nach Ziffer heben Sie den entsprechenden Finger möglichst hoch in die Luft. Die neun nicht betroffenen Finger bleiben wie festgeklebt auf der Tischplatte liegen. Das »Hände-Zahlen-Muster« mit den nummerierten Fingern liegt vor Ihren Fingerspitzen.

Eine Auswahl an Zahlen zum »Finger-Heben« für den Start.

8350791624	743950286794
837205285136	497481643956

Schwieriger: immer nach vier Ziffern klatschen und sofort weitermachen.

1847	7926	3520	4928	0468	1690
8472	0381	1748	7345	8093	1635

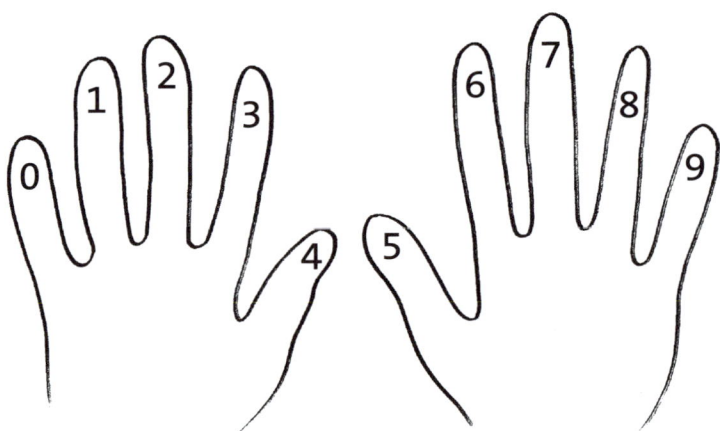

Hände schütteln, entspannen!

Zur Durchführung dieser Übungen eignet sich jede Zahlenreihe, zum Beispiel Telefonnummern, Codes, Rechenaufgaben, Festtagsdaten ...

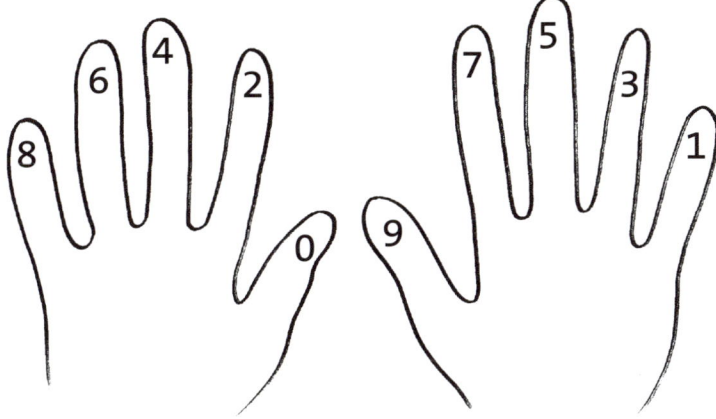

Hände schütteln, entspannen!

Damit Ihnen die Übungen nicht so schnell ausgehen, können Sie weitere »Hände-Zahlen-Muster« erfinden.

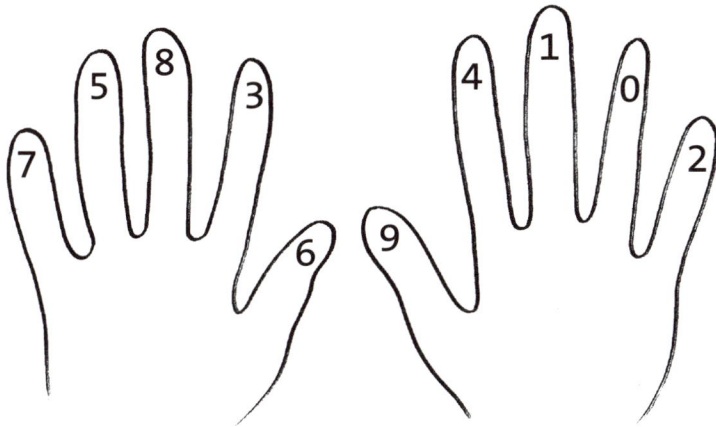

Hände schütteln, entspannen!

Es ist egal, wie schnell du rennst ...

Es ist egal, wie schnell du rennst,
wenn du dein Ziel nicht kennst.
Du weißt nicht wohin,
es fehlt dir der wahre Sinn.
Du rennst dem Erfolg stets hinterher,
verschärfst dein Tempo nur noch mehr.
Du hast keine Zeit für neue Gedanken
oder dich bei anderen zu bedanken.
Doch plötzlich hast du erkannt,
du hast dich total verrannt.
Es ist falsch, immer nur zu springen,
es ist auch wichtig, in sich zu dringen.
Es hilft dir zu erkennen,
wofür es sich lohnt zu rennen.
Dabei ist das Tempo nicht so wichtig,
Hauptsache der Weg ist richtig!

Autor unbekannt

Sprache

Was gehört zusammen?

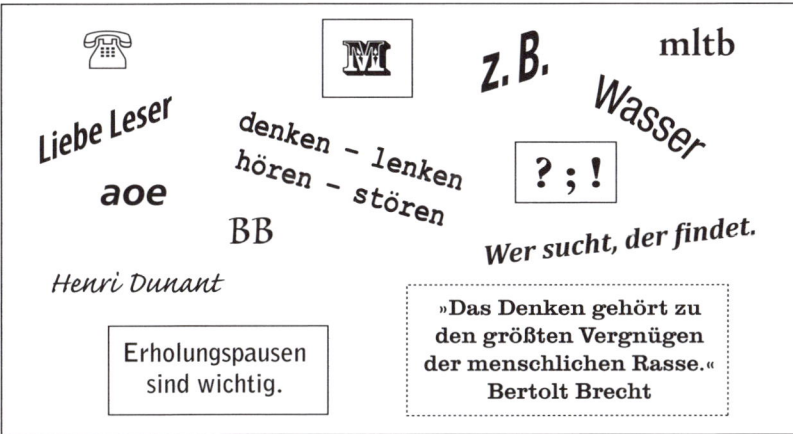

Jeder der unten folgenden 14 Begriffe hat einen Partner im obigen Feld. Beispiel: Wenn im Feld »EDV« stehen würde (Abkürzung für elektronische Datenverarbeitung) und in der Aufzählung unten »Abkürzung« aufgeführt wäre, gehörten die beiden zusammen.

Hier die 14 Begriffe zum obigen Feld:

Abkürzung	Reim	Redewendung
Anrede	Satz	Satzzeichen
Buchstabe	Zitat	Konsonanten
Initialen	Symbol	Vokale
Name	Wort	

(Lösung S. 239)

Neuer Anfangsbuchstabe = anderer Begriff

Jeder Anfangsbuchstabe der gegebenen Wörter wird durch einen anderen Buchstaben ersetzt. Reiht man diese aneinander, ergibt sich ein neues Wort.

Beispiele: HAUS → **M**AUS / WURM → **T**URM

Die Anfangsbuchstaben der neuen Begriffe ergeben von oben nach unten gelesen ein Wort, das zum vorliegenden Buch passt.

A

ZORN	_____	
ABER	_____	
HEBEL	_____	
LAMM	_____	
RAUSCH	_____	
HOSE	_____	
IST	_____	
EGEL	_____	
JACHT	_____	
ACH	_____	
SONNE	_____	
RAST	_____	

Haben Sie das Wort noch nicht gefunden? Dann prüfen Sie, ob andere Anfangsbuchstaben zum Ziel führen!

(Lösung S. 239/240)

Den gleichen Übungstyp wie [A], aber mit einem Lösungswort, das Ihnen gewidmet ist.

[B]

FLOCKE	_____
GEBEN	_____
FUGE	_____
FRAGEN	_____
LEBEN	_____
DUFT	_____
OCHSE	_____
KATZE	_____
AMMER	_____
AFFEN	_____
HAGEL	_____

(Lösung S. 239)

Merke: Der Duden ist kein Luxus. Benutzen Sie ihn oder ein ähnliches Nachschlagewerk häufig.

Tipp
Überraschen Sie eine nette Person mit einem Rätsel, das ein zu ihr passendes Lösungswort ergibt – gemäß dem Muster dieser beiden Übungen oder der folgenden.

Passende Begriffe

Vorgegeben ist das fett gedruckte Wort. Sie ergänzen mit passenden Begriffen beliebiger Länge.

Beispiel:

S	P	**O**	R	T	L	I	C	H
	D	I	**S**	K	R	E	T	
F	L	I	N	**K**				
	K	R	E	**A**	T	I	V	
G	E	N	E	**R**	Ö	S		

						F						
						R						
						E						
						U						
						N						
						D						
						S						
						C						
						H						
						A						
						F						
						T						

(Lösung S. 241)

Anagramm

Bei Anagrammen werden aus Buchstaben eines Wortes neue Wörter gebildet.

Beispiel: WORT = ROT, TOR, WO, ORT

In der folgenden Übung sind jedoch die Buchstaben eines Wortes so umzustellen, dass sie ein neues Wort mit allen bisherigen Buchstaben ergeben.

Beispiele: NABEL — LABEN   FROSCH — FORSCH

Aus Substantiven (Hauptwort) werden Verben (Tätigkeitswort):

NABEL — LABEN

GARTEN — ....

NADEL — ....

UHREN — ....

LIEBCHEN — ....

BAUERN — ....

GESTEIN — ....

REIFEN — ....

(Lösung S. 241)

Aus Substantiven (Hauptwort) werden Adjektive (Eigenschafts-wort):

FROSCH — FORSCH

SCHLAF — ....

REIF — ....

LAUF — ....

TEILE — ....

LIESE — ....

TREUE — ....

BLEI — ....

(Lösung S. 242)

Suchen Sie nun selbst Substantive, die durch Umstellen der Buch-staben in Verben oder Adjektive verwandelt werden:

....

....

....

....

Buchstabensalat

Genüsslich ist das Leben mit gesunden Speisen und Getränken!
Doch die Buchstaben der einzelnen Produkte sind durcheinander-
geraten. Vor dem Genuss kommt nun die Arbeit. Was essen und
trinken Sie gemäß dieser Liste?

1. TOBS ....

2. ICHSF ....

3. STAAL ....

4. KARQU ....

5. ANNABE ....

6. TIERWANGE ....

7. TÄTERERKEU ....

8. EDELHEIERBEN ....

9. LOBROVLKTORN ....

10. WALREIMSRASEN ....

11. SCHÜRFENTHÜLE ....

(Lösung S. 242)

Eine etwas andere »Hör«-Geschichte

In einigen Wörtern wurden die Buchstaben durcheinandergeschüttelt. Bringen Sie diese wieder in die richtige Reihenfolge, und genießen Sie dabei die Geschichte.

Eine Gruppe junger Leute beteiligte sich an einem schwierigen Wettbewerb. Das liZe _____ war, einen Schacht für einen neuen benhZnierun _____ auszuheben. Jeder Teilnehmer musste an einer dennrea _____ Stelle graben.

Viele Zuschauer hatten sich zum Anfeuern der Konkurrenten malservmet _____. Doch niemand glaubte daran, dass nmajde _____ bis zum Grundwasserspiegel gelangen würde, denn das hieße, mindestens 500 m in die eiTef _____ zu buddeln. »Das kann niemand faschfen _____, der Grundwasserspiegel ist unerreichbar, die dEer _____ ist viel zu hart, das Ganze ist viel zu gensretannd _____«, war der Kommentar der Fachleute.

Bereits gaben die enrest _____Teilnehmer resigniert auf und immer charers _____ folgten die Nächsten, bis nur noch ein Letzter unbeirrt und emsig Görlel _____ ans Tageslicht beförderte.

Wiederum feerin _____ die Könner und die Zaungäste: »Das geht bestimmt noch ccehhlst _____ aus, das kann keiner allein schaffen.« Die tagevinne _____ Äußerungen wurden immer lauter.

Der übrig gebliebene naKtdadi _____ reagierte nicht und schuftete mit rommene _____ Aufwand weiter, bis er den ersten meEri _____ Wasser der staunenden Menge vor die Füße goss.

Nun aber wollten die erfolglosen triterMeist _____und Zuschauer wissen, wie er das schaffen konnte.

(Lösung S. 243)

Der Sieger blieb alle Antworten schuldig. Es stellte sich heraus, dass er gehörlos war!

Merke: Nicht auf Leute hören, die stets eine negative und pessimistische Ansicht vertreten. Die Macht der Worte ist riesig, alles, was Sie hören und lesen, beeinflusst unmerklich Ihr Verhalten. Stellen Sie sich einfach taub, wenn Sie jemand hindert, Ihre Wünsche zu verwirklichen. Mit positiver Einstellung können Sie Unglaubliches schaffen!

Kluger Ratschlag von Joseph Pulitzer

Seit 1917 vergibt die Stiftung Joseph Pulitzer jährlich begehrte Preise für erstklassige Leistungen auf journalistischem, musikalischem und literarischem Gebiet. Für Romane und Sachbücher ist es der wichtigste Literaturpreis der USA.

Die Empfehlungen von Joseph Pulitzer (siehe nächste Seite) sind auch für Laien richtungsweisend – und eignen sich gleich noch für eine Übung.

Wörter vervollständigen

Setzen Sie die fehlenden Vokale ein (a, e, i, o, u; pro Strich je einen Vokal), dann wissen Sie, wie Sie in Zukunft Texte noch besser verfassen können.

W__s __mm__r d__ schr__ __bst:

Schr__ __b__ k__rz,

__nd s___ w__rd__n __s l__s__n.

Schr__ __b__ kl__r,

__nd s___ w__rd__n __s v__rst__h__n.

Schr__ __b__ b__ldh__ft,

__nd s___ w__rd__n __s

__m G__d__ __chtn__s b__h__lt__n.

(Lösung S. 243)

Tipp
Lesen Sie wieder einmal Ihr Lieblingsbuch! Sie werden viel Neues entdecken.

Oft fehlen einem die richtigen Worte zur richtigen Zeit.

Da hilft nur üben.

ÜBEN ÜBEN ÜBEN ÜBEN **ÜBEN** ÜBEN ÜBEN

Beginnen Sie doch gleich mit einem lustvollen, bereichernden Wortabruf von A bis Z.

Wörter finden

Übung

Finden Sie zu den aufgeführten Themen (Oberbegriffen) passende Wörter, die pro Durchgang alle mit dem gleichen Buchstaben beginnen. Starten Sie mit Ihrem Lieblingsbuchstaben, und tragen Sie die Ergebnisse in die leere Spalte ein. Wenn Sie mehrere Lösungen pro Buchstabe finden, dürfen Sie selbstverständlich alle notieren. Für das Arbeiten mit weiteren Buchstaben legen Sie ein leeres Blatt Papier neben die erste Spalte mit den Themen (Oberbegriffen).

Die Liste können Sie nach Wunsch ergänzen, abändern und eigene Regeln aufstellen.

Als Themen interessieren vielleicht Mathematik, Maler, Operntitel, Säugetiere und vieles mehr.

Eine andere Aufgabenstellung lautet zum Beispiel: Der zweite Buchstabe der Suchwörter muss ein »B« sein ... und so weiter.

Viel Vergnügen!

Oberbegriff	Beispielbuchstabe: Q	Anfangsbuchstabe nach Wahl
Pflanze	Quendelkraut, Quecke	
Beruf	Quästor	
Land	Qatar	
Lebensmittel	Quark, Quitte	
Kleidungsstück	Quastengürtel	
Musikinstrument	Querflöte	
Persönlichkeit	Will Quadflieg	
Stadt	Québec	
Tätigkeitswort	quaken	
Tier	Qualle	
Tugend	Qualität	
Werkzeug	Quergriffschleifer	
Fünf-Buchstaben-Wort	Quark	
Wunsch	Quarzuhr	
Was ich selber mag	Quellwasser	

Wortabruf üben und Wortschatz festigen

A. Entscheiden Sie sich für ein aktuelles Thema oder ein Gebiet, das Sie interessiert. Wie viele dazu passende Ausdrücke finden Sie?

Beispiel für »Fest«:

Aperitif	**G**irlanden	**M**egafon	**S**onntag
Ballons	**H**ochzeit	**N**achspeise	**T**orte
Champagner	**I**deen	**O**rchester	**U**mtrunk
Dank	**J**azz	**P**akete	**V**ideo
Einladung	**K**erzen	**Q**uiz	**W**ünsche
Freunde	**L**ampions	**R**osen	**Z**ylinderhut

B. Bilden Sie nun logische Wortgruppen, die Ihnen im Zusammenhang mit »Fest« in den Sinn kommen.

Beispiel logischer Wortgruppen:

	Hauptwort / Nomen →	Eigenschaftswort / Adjektiv →	Tätigkeitswort / Verb
1	Organisation	gründlich	planen
=	eine Organisation gründlich planen		
2	Gäste	freundlich	einladen
3	Musik	harmonisch	aussuchen
4	Blumen	bunt	binden
5	Menü	köstlich	kochen
6	Wetter	unsicher	einplanen
7	Ort	unbekannt	abklären
8	Geschenk	originell	kaufen
9	Kleidung	festliche	bügeln
10	Darbietung	witzig	vorbereiten
=	eine witzige Darbietung vorbereiten		

Übung

A. Von A bis Z zu »Sonntag«

A		N	
B		O	
C		P	
D		Q	
E		R	
F		S	
G		T	
H		U	
I		V	
J		W	
K		X	
L		Y	
M		Z	

(Lösung S. 244)

B. Logische Wortfolge zu »Sonntag«

	Hauptwort / Nomen	Eigenschaftswort / Adjektiv	Tätigkeitswort / Verb
1			
2			
3			
4			
5			
6			
7			
8			
9			
10			

(Lösung S. 245)

C. Finden Sie Wörter, in denen alle Buchstaben von »FEST«
vorkommen!

Beispiel: E i f e r s u c h t

(Lösung S. 245)

D. Notieren Sie mindestens 20 Wörter, in denen die Silbe »FEST«
vorkommt.

Beispiel: Weihnachts**fest** – **Fest**umzug

(Lösung S. 245)

»Ein Leben ohne Feste:
Ein langer Weg ohne Gasthäuser.«
*Demokrit (griechischer Philosoph,
um 460–370 v. Chr.)*

Falsche Buchstaben ersetzen!

Im folgenden Text hat der Computer Buchstaben ausgewechselt. Ersetzen Sie diese durch die richtigen. Wenn Sie die neuen Buchstaben der Reihe nach lesen, ergibt sich ein Wunsch, der vermutlich auch der Ihre ist.

Stress

Beinahe täglich erleben wir, dass jeband in unserem Wirkungskreis oder auch wir selbst klagan: »Ich bin gestresst.« Stress ist aber nickt in jedem Fall schädlich; im Gegenteil, er kann auch ansegend wirken. Jede Gemütsrewegung und jede Aktivität vorursachen kurzfristig Stress, wie zum Beispiel das Warten auf einen Gast auf dem Bannsteig während des Stoßverkehrs, die Überroschung, wenn statt der erwarteten Person greich deren ganze Familie mirkommt. Auch ein anspruchsvollis Gespräch, eise Ändemung im Arbeitseblauf, eine unverhoffte Freude und der Vermuth, eine brauckbare Idae zu realisiegen, können Strassauslöser sein. Des glesche Stress, der den eigen Merschen krank macht, kann auf binen andesen beleberd wirken.

–––– ––––––– –––––– –––––––

(Lösung S. 246)

Folgt Stresssituation auf Stresssituation ohne Erholungsmöglich-keit, so besteht Erkrankungsgefahr, und um die geistige Fitness ist es ganz besonders schlecht bestellt. Stress sollte somit, wenn im-mer möglich, auf ein Minimum reduziert werden.

Tipps, um Stress zu reduzieren

- Planen und Prioritäten setzen. Entspannungsmöglich-keiten, Ruhezeiten vorsehen und einhalten.

- Nach einer Stresssituation abschalten, sich etwas Neuem zuwenden.

- Sich bewegen, auf frische Luft achten, sich lockern von Kopf bis Fuß.

- Augen schließen, Stirn, Schläfen kreisend mit den Finger-spitzen massieren.

- Etwas Angenehmes in die Hände nehmen und erspüren.

- Schöne, beruhigende Musik hören.

- Ein Stück Banane, ein wenig Schokolade genießen oder andere Gelüste stillen.

- Trinken ist besonders wichtig, da in Stressphasen die körperliche Ausdünstung erhöht ist.

Redensarten zum Thema »Geld«

Geld bringt nicht nur den Verstand, sondern sogar Buchstaben-
folgen durcheinander! Schaffen Sie Ordnung!

1. Der gräets lhucF des Menschen tis dsa edlG.

....

....

Sophokles, 497/6 – 406/5 v. Chr.

2. Magst Du chua tuG und ledG zummentrgenasa,
   Du riwts ocdh anctk ins braG getragen.

....

....

....

aus dem Persischen, um 1200

3. leGd grieetr ide letW.

....

....

1616 gedruckt im Wörterbuch von Georg Henischs und
Wahlspruch des Herzogs Friedrich v. Sachsen, † 1691

4. Sobald sad Glde mi satneK lngitk,
   die eleSe sau dem gerueFfee springt.

   ....

   ....

   ....

   über den Ablasshandel, Hans Sachs,
   »Die württembergische Nachtigall«, 1523

5. Geld, rde ieterMs aller naSehc,
   wßie sau Nein tof Ja zu chenma.

   ....

   ....

   ....

   Hans Assmann Frh. v. Abschatz, Poet, 1704

6. reW knie Geld ath, dem filth tinch,
   dass er morfm ist.

   ....

   ....

   Martin Luther, »Tischreden oder Colloquia«, 1566

(Lösung S. 246)

Begriffe rund ums Geld

Setzen Sie in die Lücken des Textes unten jeweils einen treffenden Begriff aus der folgenden Tabelle ein!

Kapital	Mäuse	Konto	Groschen	Kröten
Pfennig	Preis	Taler/Taler	Kohle	Piepen
Porte-monnaie	Raten	Tisch	Vermögen	Kasse
Münze	Mittel	Rechnung	Schulden	Rubel

Wir müssen in die Hände spucken und was tun, damit
der .... wieder rollt.

Die Schönheit ist Veronas größtes ....

Der tut mir wirklich leid, der kommt mit seinen paar
.... doch auf keinen grünen Zweig.

Man darf nicht alles für bare .... nehmen,
was man heute in den Nachrichten hört.

300 ...., und du bist dabei.

Das .... ist der empfindlichste Körperteil des Menschen.

Wer den .... nicht ehrt, ist des .... nicht wert.

Wer's nicht glaubt, zahlt einen ....

Dafür fehlt mir die ....

500 cash auf den .... des Hauses, oder es läuft
hier gar nichts.

Wenn ich die vielen neuen Autos sehe, nehme ich an,
sie laufen eher auf .... als auf Rädern.

Für dieses Projekt müssen wir erst einmal genügend ....
flüssig machen.

Der hat mehr .... als Haare auf dem Kopf.

Wenn Sie hier mitmachen, dann nur auf eigene ....
und eigene Gefahr.

Es dauert aber lange, bis bei dir der .... fällt.

Dieser Ring kostet ein kleines ....; hoffentlich
weiß sie das zu schätzen.

Für keinen .... der Welt mache ich da mit!

Bei dem ist permanent Ebbe in der ....

Wenn du nicht mal 200 .... dafür lockermachen willst,
dann kannst du mir leid tun.

Jetzt ist Schluss. Ich habe das .... meiner Gutmütigkeit
schon überzogen.

(Lösung S. 247)

Lesen, denken und Lücken ergänzen

Schlaf – Wichtiges und Interessantes

Ungefähr ein Drittel unseres ◯ verbringen wir im Schlaf. Aber oft ist der Tag ◯ zu kurz für all unsere Aufgaben und Vergnügen, und wir sind geneigt, die ◯phase um ein paar Stündchen zu kürzen. Doch der Körper und das ◯ benötigen dieses »Ausklinken« als Erholungs- und Aufbauphase und zum Neuordnen und Abspeichern des Tages◯. Bei häufigem oder regelmäßigem Kürzen der Schlafphase entstehen ern◯ gesundheitliche, psychische und soziale Probleme. Doch wie viel ◯ benötigen wir eigentlich?

Ein japanisches Team befragte mehr als 100.000 Japaner nach ihren Schlafgewohnheiten und beobachtete ◯ zehn Jahren deren Gesundheitszustand. Es ergab sich eindeutig, dass Probanden, die im Durchschnitt sieben Stunden pro Nacht ◯, länger lebten als Leute, die mehr ◯ weniger als sieben Stunden schliefen. Auf das gleiche Resultat kamen bereits 2002 britische Wissen◯ in einer Studie mit mehr als einer Million Teilnehmenden. Ungewiss ist jedoch, ◯ das Schlafpensum oder der unterschiedliche Lebensstil von Lang- und Kurzschläfern die entscheidende ◯ spielt. Diese Ergebnisse widersprechen den Empfehlungen, jede Nacht mindestens acht Stunden zu schlafen.

Die Aufwachphase hat ihre ⬭! An der Universität von Colorado (USA) fanden Forscher durch ein Experiment mit Freiwilligen heraus, dass ⬭ ersten zehn Minuten nach dem Aufwachen die Reaktionszeit länger und die geistige Leistungsfähigkeit noch geringer ist als nach einer durch⬭ Nacht. Selbst bei ganz einfachen Rechenaufgaben schlossen die Probanden ⬭ nach dem Aufwachen miserabel ab. Das beweist einmal mehr, wie wichtig die kurze, geistige »Aufwärmphase« ist, um das Gehirn in Fahrt zu ⬭.

(Lösung S. 248/249)

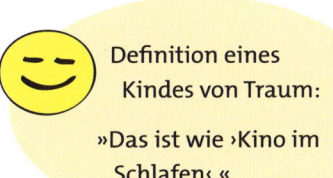

Definition eines Kindes von Traum:

»Das ist wie ›Kino im Schlafen‹.«

Doppelwörter

Neun Doppelwörter wurden getrennt. Verbinden Sie die zusammengehörenden Teile mit Strichen.

Beispiel:

Gehör	Weise
Fluss	Weide
Flaschen	Test
Augen	Mündung
Zeit	Teufel
Putz	Post
Bahn	Raucher
Kabel	Brand
Pfeifen	Gleise

(Lösung S. 249)

In was für Texte und Berichte passen die einzelnen Doppelwörter? (Was Ihnen einfällt, stimmt. Die Antworten sind individuell.)

....

....

Noch mehr Doppelwörter

Aufgabenstellung wie vorangehende Seite. Verlangt viel Geduld und Ausdauer!

Salz	Messe
Früh	Ausstellung
Frühlings	Chor
Duft	Hof
Hühner	Durchsagen
Farb	Duft
Ostereier	Zweig
Sonnen	Farben
Rosen	Palette
Kirchen	Dienst
Stau	Eier
Weiden	Schein
Palmen	Fässchen
Eier	Hühner
Oster	Kätzchen
Freiland	Becher
Gottes	Säckchen

Zu welchem Fest passen die gefundenen Doppelwörter?

(Lösung S. 249)

Brox, ich mache dir den Garaus!

Brox ist der Kuckuck der Wörter: Er schubst sie aus dem Satz und nistet sich an ihrer Stelle ein. Schaffen Sie Ordnung, und ersetzen Sie Brox mit dem zum Inhalt passenden Begriff!

Beispiel: Sie sollten trinken, bevor Sie Brox haben.
Lösung: Sie sollten trinken, bevor Sie *Durst* haben.

Oft sind verschiedene Lösungen möglich. Achten Sie auf eine sinnvolle Formulierung.

Übung

Brox' verschluckte Wörter

1. Im Brox kann man alles kaufen, was zum täglichen Gebrauch nötig ist.

2. Bei Brox hilft eine Übung für geistige Fitness.

3. Viele Brox aus verschiedenen Gemeinden haben sich angemeldet.

4. Die neuen Brox vereiteln einen eleganten Gang.

5. Die Temperatur ist erneut gesunken, bald muss man die Brox einschalten.

6. Sie schätzt Milchgetränke, aber sie Brox sie schlecht.

7. Nach drei Tagen Nichtstun nimmt die geistige Brox bereits ab, baut sich aber durch passende Übungen rasch wieder auf.

8. Spielen ist sinnvoll und nicht – wie so oft behauptet – verlorene Brox.

9. Brox ist bequem, zu Fuß gehen gesund.

10. Eingeplante Brox sind unerlässlich für eine hohe, anhaltende geistige Leistungsfähigkeit.

11. Viel Brox ist gut für das Gemüt und die Gesichtsmuskeln.

12. Welch/e/er/es Brox, alle sind rechtzeitig eingetroffen!

13. Bei Rechtschreibezweifeln hilft der Brox, ein Nachschlagewerk.

14. Übungen dieser Art sind Brox.

15. Endlich ist diese Arbeit Brox.

(Lösung S. 250)

Eine ähnliche Art von Wortabruf ist, wenn in einem Text Wörter durch Synonyme (bedeutungsähnliche Begriffe) ersetzt werden.

Beispiel:

Die Jugendlichen essen zu viel Süßigkeiten.

Die Teenager (Halbwüchsigen) ernähren sich mit zu viel Zuckerwaren.

Merke: Das Gehirn benötigt genügend Sauerstoff, Kohlenhydrate, Flüssigkeit.

Buchstabenlabyrinth

Finden Sie den Weg und somit das Wort! Es dürfen keine Buchstaben ausgelassen oder übersprungen werden.

Beispiel:

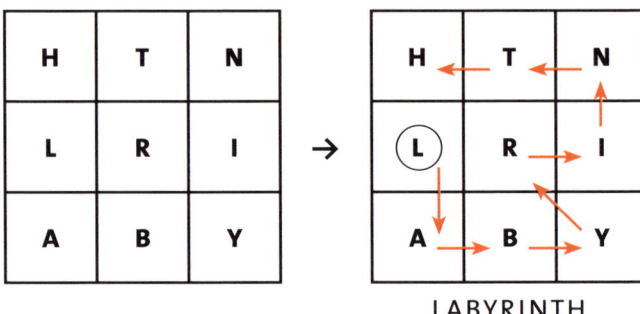

LABYRINTH

Wohin möchten Sie reisen? Kennen Sie auch die Namen der Hauptstädte der folgenden Länder?

1.

H	C	S
W	🐋	N
E	D	E

2.

A	E	E
D	N	M
K	R	A

....

....

....

....

(Lösungen S. 250)

3.

I	L	I
S	A	E
B	R	N

....

....

4.

E	N	S
I	L	O
N	E	W

....

....

5.

C	A	C
I	T	O
R	A	S

....

....

6.

N	M	A
E	L	E
V	I	D

....

....

7.

L	A	D	N	A
H	S	R	E	L
C	A	F	F	N

....

....

Finden Sie das zu den Ländernamen passende Sprichwort!

(Nicht aufgeben, es geht wirklich auf!)
Beginn rotes **W**, Ende grünes **N**

8.

I	N	E	R	E	I	E
E	R	**W**	S	A	S	T
N	E	E	E	W		U
I	N	Z	R	R	S	T
E	N	A	E	E	O	K
N	E	L	H	N	N	A

....

....

....

(Lösung S. 250)

Organisieren muss man können!

»Wir fahren nur alle drei Jahre in den Urlaub«,
erzählt Fritz auf dem Betriebsfest. »Während der Ferientage
des ersten Zwischenjahres erinnern wir uns an die Stationen des
Vorjahres, und im zweiten Urlaub zu Hause bereiten wir die
Reise des folgenden Jahres vor.«

Wörter kreuz und quer

Johann Wolfgang von Goethe benutzte in seinen Werken etwa 24.000 verschiedene Wörter. Auch mit einem etwas kleineren Wortschatz werden Sie mit Ausdauer in den beiden Buchstabenfeldern immer wieder neue Wörter finden.

Beginnen Sie mit einem Rasterbuchstaben Ihrer Wahl, und bilden Sie Begriffe, indem Sie Buchstabe an Buchstabe reihen. Sie können per Finger in alle Richtungen fahren – links, rechts, rauf, runter, diagonal –, aber Sie dürfen keinen Buchstaben überspringen. Das große Mittelfeld ist ein Auswahlangebot; je nach Bedarf dürfen Sie E / U / I / A / O oder EU / IE / AU und so weiter benutzen. Pro Wort können Sie mehrmals das gleiche Feld besuchen, vorausgesetzt, dass Sie kein Feld überspringen.

Beispiele: **REGEN – BLAU**

Fahren Sie mit dem Finger folgende Begriffe ab:
ARABER – GARAGE – SOKRATES

Viel Vergnügen beim Entdecken unzähliger Wörter!

B	E	T	P	A	R
L	W	R	K	B	M
A	S			F	O
U	D			N	E
R	T	G	Z	H	G
U	E	I	S	C	H

**E U I
O A**

Selbstverständlich dürfen Wörterbücher benutzt werden.

Tipp
Kopieren und zerschneiden Sie das Raster. Anders zu-
sammengeklebt, ergeben die Teile ein neues Übungsfeld.
Falls Sie dabei das U halbieren, dürfen Sie es in der neuen
Zusammenstellung in beiden Feldern berücksichtigen.

Zur Abwechslung ein weiteres Übungsfeld

W	E	T	R	U	S
L	A	G	U	M	P
A	S			F	O
U	D			O	S
R	L	N	S	T	M
I	E	B	A	C	H

E N I
S R

Etwas für die Merkfähigkeit

Tabelle (unvollständig) der am häufigsten gebrauchten Buchstaben
in der deutschen Sprache.

merken – auswendig aufschreiben – kontrollieren

E	17,40 %	S	7,27 %	T	6,15 %
N	9,78 %	R	7,00 %	D	5,08 %
I	7,55 %	A	6,51 %	H	4,76 %

Zitate »herausschälen«

Das Lesen stellt einige Anforderungen. Bei jedem Buchstabenpaar ist jeweils ein Buchstabe überflüssig.

Beispiel:

ZA NI TS RA IT EU = Z~A~ N~I~ T~S~ ~R~A ~I~T E~U~

Z I T A T E

Zwei Zitate zum Überdenken und Umsetzen!

Wie heißt das Zitat von Henry Miller?

BL TE BA BE NM · IM TS BT · BD CA SW

WB EA SN · WS AI GR · GD AU RH AJ TU LS

FM AR BC KH EI KN

Wie heißt das Zitat von Pearl S. Buck?

MG UI TD · GM ÄÜ TD EI · KD CA SN SN

BM RA NW · BF UA SU TM · JB EA SD EU GN

MD AE SN ST KC HK TE LN

ÜD AB OE RT SR EA LS CZ WH ER KN

(Lösung S. 251)

Wortabruf und Rechnen in einem G(en)uss!

Jedem Buchstaben des Alphabets ist ein Zahlenwert zugeordnet. Er entspricht dem Rang des betreffenden Buchstabens im Alphabet.

A	B	C	D	E	F	G	H	I	J	K	L	M
1	2	3	4	5	6	7	8	9	10	11	12	13

N	O	P	Q	R	S	T	U	V	W	X	Y	Z
14	15	16	17	18	19	20	21	22	23	24	25	26

Suchen Sie Begriffe, die möglichst genau die Summe von 50 erreichen. Umlaute werden mit ae, oe und ue gebildet (ä → ae [1 + 5 = 6], ö → oe [15 + 5 = 20] ...).

Beispiele:

D		A		N		K		E		N		
4	+	1	+	14	+	11	+	5	+	14	=	**49**

		W		E		I		N		
		23	+	5	+	9	+	14	=	**51**

		H		A		U		T		
		8	+	1	+	21	+	20	=	**50**

Setzen Sie diese Übung mit eigenen Vorgaben fort. Bestimmen Sie die zu erreichende Summe, oder suchen Sie Wörter mit den Summen 40 bis 110 (erstes Wort Wert 40, nächstes Wort 41 und so weiter).

Sie trainieren so das Abschätzen, das Kurzzeitgedächtnis, das Zusammenzählen, den Wortabruf und die Ausdauer.

Assoziation – assoziieren

Assoziationen – darunter versteht man die Fähigkeit, Verbindungen zwischen Informationen herzustellen.

Assoziation bedeutet in Bezug auf das Gehirntraining, dass zwei oder auch mehr vorerst isolierte Begriffe durch Herausarbeiten von Unterschieden oder Ähnlichkeiten miteinander verbunden oder vernetzt werden. Diese Denkarbeit ist Teil des Lernprozesses und ermöglicht später einen erleichterten Abruf, da das Erinnern eines Bruchteils der Verknüpfung meistens automatisch den Inhalt des ganzen »Denkpaketes« nach sich zieht.

Assoziieren ist einfach und kann geübt werden. Eine neue Information wird mit dem persönlichen Wissen verglichen, bereichert und verknüpft. Was Ihnen zu einer Vorgabe selbst einfällt, wird besser erinnert, als wenn Sie die Ideen anderer übernehmen; als Ergänzung können diese jedoch eine Bereicherung sein.

Goethe vergleicht Assoziation mit einer »Gedankenfabrik«:

> »Es ist mit der Gedankenfabrik wie mit einem Webermeisterstück, wo ein Tritt tausend Fäden regt, die Schifflein herüber, hinüber schießen, die Fäden ungesehen fließen, ein Schlag tausend Verbindungen schlägt.«

Tipp
Üben Sie Wortabruf und Assoziieren, indem Sie »zwischendurch« zu Begriffen Ähnlichkeiten und Unterschiede suchen, die Sie möglichst exakt benennen. »Material« zum Vergleichen finden Sie überall, nur Augen und Ohren offen halten!

Zu gegebenen Wörtern, dies können Substantive (Hauptwort), Verben (Tätigkeitswort) oder Adjektive (Eigenschaftswort) sein, notieren Sie jeweils drei Personen (real/wirklich oder fiktiv/erfunden), die mit diesem Begriff etwas zu tun haben.

Beispiele:

Geige	Yehudi Menuhin Helmut Zacharias Antonio Stradivari
forschen	Roald Amundsen Marie Curie Robert Koch
schön	Mona Lisa Schneewittchen Greta Garbo

Fernsehserien	1.	....
	2.	....
	3.	....
singen	1.	....
	2.	....
	3.	....
gruselig	1.	....
	2.	....
	3.	....

Minister	1.	
	2.	
	3.	
komponieren	1.	
	2.	
	3.	
dick	1.	
	2.	
	3.	
Zirkus	1.	
	2.	
	3.	
reisen	1.	
	2.	
	3.	
umsorgt	1.	
	2.	
	3. ....

Die Lösungen sind hier individuell – was Ihnen in den Sinn kommt, ist richtig. Mit dieser Übung können Sie im Langzeitgedächtnis, in Ihrem »Archiv«, wühlen und suchen. Freuen Sie sich über jede noch so kleine Meldung aus den Windungen Ihres Gehirns.

Lassen Sie Ihren Gedanken freien Lauf!

Begriff	Ähnlichkeiten (analoges Denken)	Unterschiede (differenzielles Denken)
Beispiel: Wolle – Eier	• Tierprodukte • nützlich für Menschen • ähnliche Farbe	• Material • Nutzung • Form
Rose – Seife		
Axt – Schere		
Brot – Ballon		
Stunde – Kilometer		
Papier – Eichblatt		
Hut – Strümpfe		
Bürste – Sandpapier		

(Lösung S. 251/252)

Worträtsel

Setzen Sie all Ihre Fantasie und Ihr Vorstellungsvermögen ein, um die humorvoll umschriebenen Begriffe zu finden.

Beispiel: ein eiliger Pfad = Rennweg (bekannte Einkaufs-
straße in Zürich)

Umschreibung	gesuchter Begriff
Aufforderung an einen Lehrling, größer zu werden	
wehleidiges Stück Stoff	
Übergang für Grautiere	
globale Kneipenflaute	
deutsche Großsiedlung im Verdauungssystem	
stellt fest, wie viele Musiker eines bestimmten Saiteninstrumentes anwesend sind	
redseliges Verpackungsmaterial	

(Lösung S. 252/253)

Wie lauten die Fragen?

Formulieren Sie zu den unten stehenden Antworten je eine passende Frage! Es sind verschiedene Lösungen möglich.

1. Nein, leider nicht, aber ich spreche fließend Französisch.

2. Nein, ich bin Brasilianer.

3. Geradeaus, nach der zweiten Ampel noch 100 Meter weiter, dann nach rechts abbiegen.

4. Nein, noch nicht. Ich bin erst 53 Jahre alt.

5. Offen gesagt: nein, denn ich ziehe Huhn vor.

6. Sie erwarten doch nicht, dass ich Ihnen das verrate?

7. So viel mir bekannt ist, nicht. Ich kenne meinen Familienstammbaum nicht.

8. Die Wettervorhersage war überzeugend, und ich wollte nicht mehr schleppen als unbedingt nötig.

9. Eigentlich schon, aber das habe ich nicht nötig, ich bin noch jung und geistig fit.

10. Sicher nicht, ich trage eine andere Größe.

(Lösung S. 253)

Tipp
Nach einer vollbrachten Leistung haben Sie eine Belohnung verdient. Gönnen Sie sich etwas, das Sie erfreut!

Tricks für den Alltag

Mit dieser Übung trainieren Sie Sprachverständnis und logisches Denken. Der erste Teil jeder Aussage steht im Feld A, die Fortsetzung im Feld B. Fügen Sie aus jedem Feld je einen Satzteil logisch zusammen. Es ergeben sich nützliche Hinweise für alltägliche Probleme.

A

1. Schimmel am Käse kann man vermeiden, wenn

2. Magerquark schmeckt mit etwas Mineralwasser

3. Frisches Obst fault nicht so schnell, wenn

4. Stein- und Fliesenböden erhalten wieder Glanz, wenn

5. Hartnäckige Obstflecken verschwinden, wenn man einen

6. Schwarze Schuhspuren sind mit einem

7. Dünne Vorhänge werden wieder weiß, wenn ins Weichspülfach

8. Lässt sich ein Faden nur schwer einfädeln,

9. Stellt man in einem Raum Schalen mit Salmiakgeist auf,

10. Bratwürste platzen weniger, wenn

Tipp
Fügen Sie zuerst die Textteile zusammen, die aus Ihrer Sicht Sinn ergeben. Die restlichen Angaben werden dadurch übersichtlicher.

B

A. dem Waschwasser etwas Weichspüler hinzugefügt wird.

B. sie vor dem Braten in Milch eingelegt werden.

C. vermischt fast so cremig wie Rahmquark.

D. man ein Stück Zucker in den Behälter legt.

E. Wattebausch mit Salz und Öl tränkt und die Flecken damit betupft.

F. mit Spiritus getränkten Lappen zu entfernen.

G. kann man das Ende mit etwas Haarspray besprühen.

H. werden keine Wespen auftauchen.

I. der Waschmaschine entweder etwas Essigessenz, ein Briefchen Backpulver oder ein Schuss Zitronensaft gegeben wird.

J. man einige Knoblauchzehen dazwischenlegt.

(Lösung S. 253)

Der entscheidende erste Buchstabe

Mit dieser Übung trainieren Sie Sprache, Langzeitgedächtnis und logisches Denken. Es wird nicht erwartet, dass Sie auf Anhieb alle gesuchten Begriffe benennen können. Die eine oder andere Umschreibung betrifft unter Umständen Gebiete, mit denen Sie nicht vertraut sind, und was Sie nicht gelernt und abgespeichert haben, können Sie nicht wissen.

Merke: Niemand weiß alles, aber alle wissen etwas.

Sobald Sie sich einer Antwort ganz sicher sind, kennen Sie den Anfangsbuchstaben aller Antworten – denn der ist immer der gleiche. Dies ist eine große Hilfe und erleichtert das weitere Suchen.

	Umschreibung	Antwort
1	Diesen Namen trugen Zaren und Päpste, aber seine letzte Silbe ist ein unerwünschtes Insekt.	
2	Paariges Organ der Wirbeltiere und Menschen. Inspiriert immer wieder Designer.	
3	Lichtempfindliche Sinneszellen – hier wird das auftreffende Licht in Nervenimpulse umgewandelt.	
4	Ob Dachziegel, ein Schmetterling oder eine Ordensfrau, alles ein und derselbe Ausdruck.	
5	Im menschlichen Gehirn zur Informationsverarbeitung, -weiterleitung und gegebenenfalls -speicherung 100-milliardenfach vorhanden.	

6	Wird im Christentum seit dem 6. Jh. gefeiert, zunächst als Bußtag, seit dem 13./14. Jh. als Fest, der Tag der guten Vorsätze.	
7	Plumpes, großes Tier mit kleinen Augen und Ohren, verschließbaren Nasenöffnungen, kurzen Beinen mit Schwimmhäuten zwischen den Zehen.	
8	Von Bindegewebe umhüllte Faserbündel, die alle Organe und Extremitäten mit dem Gehirn verbinden.	
9	Das Gegenstück zum Süden.	

(mehr Hinweise zu den Antworten auf Seite 144)

Tipp

Lässt beim Lesen die Aufmerksamkeit nach und schweifen die Gedanken ab, so machen Sie nach drei bis fünf gelesenen Zeilen am Seitenrand einen Punkt, Strich oder einen Kringel – ganz nach Belieben. Und verändern Sie die Körperhaltung.

Ein Schüler schreibt:
»Die deutsche Rechtschreibung bereitet dem Menschen sein ganzes Leben lang Schwierigkeiten, es sei denn, er ist Analphabet.«

Was gehört dazu?

Notieren Sie in der Tabelle auf der nächsten Seite zu jedem Begriff der 15 Kästchen zwei Wörter (Assoziationen), die Ihnen dazu einfallen!

Beispiel: BUCH = Druckerei + Lektor

1. BRÜCKE

6. WEIHNACHTSEINKÄUFE

12. TONBAND

15. SCHMIED

2. TASCHE

4. SATTEL

10. MAUS

5. SITZPOLSTER

3. SCHLÜSSEL

8. SCHREIBMASCHINE

11. KOLUMBUS

13. RAD

9. APRIKOSE

7. ALARMGLOCKE

14. BRIEFUMSCHLAG

	Ihre zwei Assoziationen:	8	
1		9	
2		10	
3		11	
4		12	
5		13	
6		14	
7		15	

Der nächste Schritt führt zu einer Merkübung:

Sie unterbrechen an dieser Stelle das Training und beschäftigen sich mit etwas ganz anderem. Später nehmen Sie obige Tabelle wieder zur Hand und notieren auf einem Zettel zu jedem von Ihnen assoziierten Wortpaar den dazugehörenden Begriff aus dem Kästchen. Anschließend kontrollieren.

Beispiel: Druckerei + Lektor = **Buch**

Gewandter und witzvoller Umgang mit der Sprache

Überlegen Sie sich zu jeder der folgenden Situationen, wie die Geschichte sich entwickeln könnte, und halten Sie Ihre Ideen schriftlich fest. Schreiben Sie vollständige Sätze mit treffenden Ausdrücken. Humorvolle und ironische Lösungen sind bevorzugt. Mehrere Antworten sind möglich.

Beispiel:

Frau Wirtin, in meiner Suppe schwimmt eine tote Fliege.

Mögliche Antworten:

Für den Preis können Sie keine lebendige verlangen!
Keine Angst, mein Herr, die müssen Sie nicht bezahlen.
Psst, nicht so laut, sonst wollen alle eine.
Stimmt nicht, die lebt noch.
Soll ich Ihnen Messer und Gabel bringen?
Unsinn, das ist doch eine Wespe.

»Ich habe Ihre Frau gestern in der Straßenbahn getroffen, sie hat mich aber nicht gesehen.« ...

Frisör zum Kunden: »Ihr Haar wird langsam grau.« ...

»Das nennt sich ›Gemischter Chor‹, und es sind doch alles Männer. Wie erklären Sie sich das?« ...

»Sind Sie auch der Meinung, dass über kurz oder lang die neuen Medien die Zeitung ersetzen werden?« ...

»Angeklagter, ich möchte wirklich wissen, warum Sie so viel lügen?«, wundert sich der Richter. ...

»Was macht mein Essen, das ich vor zwei Stunden bestellt habe?« ...

(Lösung S. 254)

Merke: Die Fähigkeit, das richtige Wort zur richtigen Zeit abzurufen, Sätze zu formulieren, zu argumentieren, kreativ zu sein und ständig den Wortschatz zu erweitern, führt zum gekonnten Umgang mit der Sprache.

»Welches Hobby betreiben Sie, mein Herr?« – »Fliegen, ich kann mir nichts Interessanteres vorstellen.« – »Ist das überhaupt bezahlbar?« – »Kein Problem. Sie lassen sich mit etwas Übung leicht fangen und fressen so gut wie nichts.«

Tipp

Lesen Sie von einer kurzen Geschichte nur den Anfang oder ein Mittelstück oder den Schluss. Überlegen Sie, wie die Erzählung aufgrund der Informationen aus dem gelesenen Teilstück weitergehen könnte, und entwickeln Sie Ihren persönlichen Text. Der Vergleich mit dem Original bereitet viel Spaß und Befriedigung, denn nicht selten ist die Eigenproduktion besser als der Originaltext.

Der entscheidende erste Buchstabe

Hier die versprochenen Zusatzangaben zur Übung »Der entscheidende erste Buchstabe« von Seite 138/139:

	Weitere Tipps	Antwort
1	Kleine Kinder freuen sich, wenn er Geschenke bringt.	
2	Arbeiten je nach Trinkmenge mehr oder weniger.	
3	Sie befindet sich auf der hinteren Innenseite des Auges, der lateinische Name lautet Retina.	
4	Weibliche Entsprechung von Mönch.	
5	Von Laien auch Zelle genannt.	
6	Ab diesem Tag gilt eine andere Jahreszahl.	
7	Wird bis zu 4 Meter lang und 3 Tonnen schwer.	
8	Dieses Rätseln geht Ihnen vielleicht schon lange auf die ...?	
9	Osten und Westen gehören auch dazu.	

(Lösung S. 254)

Und nun ein paar abwechslungsreiche Sprachübungen für zwischendurch.

Wortkette

Übung

Entscheiden Sie sich für irgendeinen Begriff zum Starten Ihrer Wortkette. Das nächste Wort beginnt mit dem Endbuchstaben des vorangehenden Wortes. Der letzte Buchstabe des gefundenen Begriffes ist der Anfangsbuchstabe des folgenden Wortes und so weiter.

Beispiel: Übun**g** – **G**edanke**n** – **N**eugierd**e** – **E**rnährun**g** – **G**edächtni**s** – **S**chla**f** – **F** ...

Schwieriger wird es, wenn nur Begriffe einer bestimmten Gruppe genannt werden dürfen, zum Beispiel nur Städte, Pflanzen, Getränke, Namen und so weiter.

Ein Wort – ein Satz

Übung

Mithilfe der Buchstaben eines Begriffes (Name oder Gegenstand) wird ein sinnvoller Satz gebildet. Die Buchstaben des Begriffes dienen der Reihe nach als Anfangsbuchstaben des Satzes.

Beispiel: H U N G E R

Hat **u**nser **N**achbar **g**erade **e**ine **R**uhepause?

»Hindernisse überwinden ist der Vollgenuss des Daseins.«
Arthur Schopenhauer (Philosoph, 1788–1860)

Ein Buchstabe und »sein« Satz

Ein x-beliebiger Buchstabe wird ausgesucht. Mit diesem wird ein möglichst langer Satz gebildet. Achtung, alle Wörter müssen mit diesem Buchstaben beginnen!

Beispiel: »**F**«

Fürchterliche, feindliche Fliegen finden fleischige, faulige Feigen fein.

Ein »alphabetischer« Satz

Die Wörter des Satzes beginnen der Reihe nach mit den Buchstaben des Alphabets.

Beispiel: **A**uch **b**unte **C**hampignons **d**...

Varianten: Satz rückwärts von Z bis A bilden oder Satz mit Wörtern bilden, deren zweiter (dritter ...) Buchstabe von A bis Z dem Alphabet folgt.

Konsonantenskelett

Notieren Sie drei Konsonanten nach Ihrer Wahl, und ergänzen Sie diese mit Vokalen zu einem sinnvollen Wort.

Beispiel: G S T

Stie**g**e   **s**ag**t**e   **T**a**g**es**l**icht   **T**ra**gs**eil   **G**i**t**arrist

Variante: Die Konsonantenreihe darf nicht umgestellt werden.

Beispiel: **G**a**st**   **G**e**st**e   **G**ei**st**   **G**u**st**o   Au**gust**

Wiederum Buchstaben ... und noch einige dazu

Entscheiden Sie sich für mindestens vier verschiedene Buchstaben. Schreiben Sie diese auf, und notieren Sie möglichst viele Wörter, in denen alle gewählten Buchstaben vorkommen.

Beispiel: **R T K F**

Koff**e**r**t**asche   **Fes**t**kar**te   **A**f**rik**a**fah**r**t   Mos**t**k**ar**a**ff**e

Schwieriger: Die ausgewählten Buchstaben müssen in der festgelegten Reihenfolge verwendet werden.

Beispiel: **R T K F**

A**r**bei**t**s**k**lu**f**t   B**r**a**tk**ar**t**o**ff**el

Und nun fünf, sechs oder gar sieben Buchstaben!

Immer einer mehr

Starten Sie mit einem Zwei-Buchstaben-Wort. Von Schritt zu Schritt zählt das nächste Wort einen Buchstaben mehr. Aufgepasst: Der letzte Buchstabe des aktuellen Wortes muss im folgenden Wort vertreten sein. Bei maximal 20 Buchstaben können Sie aufhören, da sich meistens nur noch unsinnige Zusammensetzungen ergeben.

Beispiel: S**O**   **O**F**T**   **T**RA**M**   A**M**SE**L**   **KL**AGE**N**   E**L**EGA**N**T
            2   3   4   5   6   7

          A**N**TILOP**E**   ...**E**...... ?
             8   9

»Wort-Sandwich«

Ein Wort wird am linken Papierrand von oben nach unten geschrieben – pro Zeile ein Buchstabe – und am rechten Rand das gleiche Wort von unten nach oben. Der leere Platz zwischen den beiden Buchstaben wird mit Wörtern gefüllt, die mit dem linken Buchstaben beginnen und mit dem rechten aufhören.

Beispiel: »**Fliege**«

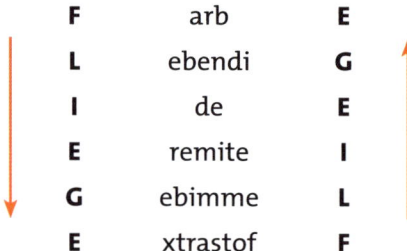

F	arb	E
L	ebendi	G
I	de	E
E	remite	I
G	ebimme	L
E	xtrastof	F

Selbstverständlich dürfen Sie pro Zeile viele verschiedene Wörter mit dem gleichen Anfangs- und Schlussbuchstaben notieren.

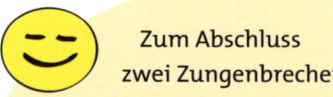

Zum Abschluss
zwei Zungenbrecher:

Fünf flinke Fische fraßen fünf friedlichen
Fischen fünf flinke Fliegen fort.

Der Flugplatzspatz nahm auf dem
Flugblatt Platz.

Logik

Verschiedene Logikaufgaben

1.

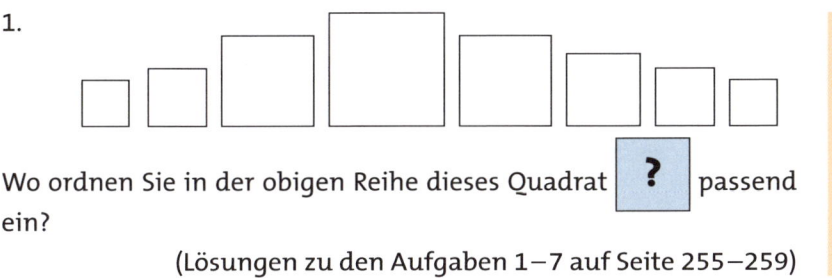

Wo ordnen Sie in der obigen Reihe dieses Quadrat **?** passend ein?

(Lösungen zu den Aufgaben 1–7 auf Seite 255–259)

Übung

2. Pro Wortgruppe passen ein oder mehrere Begriffe logisch nicht dazu. Markieren Sie diese(n), und begründen Sie den Ausschluss. Es können ab und zu mehrere richtige Antworten möglich sein.

Übung

Beispiele:

	Auto Fahrrad Motorboot Eisenbahn Skateboard	Motorboot: einziges Verkehrsmittel auf dem Wasser
	oder	
	Auto Fahrrad Motorboot Eisenbahn Skateboard	Fahrrad und Skateboard: werden mit Körperenergie bewegt

	Wortgruppe: Was passt nicht?	Begründung
A	TANTE GROSSMUTTER PATE GROSSVATER BRUDER VATER	
B	HEUTE ABEND MORGEN NACHMITTAG WOCHE	
C	HUSTEN HALSSCHMERZEN BRONCHITIS BRENNENDE FÜSSE ASTHMA	
D	STEINBOCK LÖWE JUNGFRAU STIER FISCH	
E	ARIE REZITATIV LIED SINFONIE CHORAL	
F	BRUST- KRAUL- RÜCKEN- HALS- DELPHIN-SCHWIMMEN	
G	PINGPONG TENNIS SPEERWERFEN FUSSBALL SQUASH	
H	AMETHYST RUBIN DIAMANT ROSENQUARZ AQUAMARIN	
I	KANINCHEN HUND SCHWEIN SCHAF ESEL	
J	SCHWARZE WITWE SKORPION FLIEGE VIPER KUGELFISCH	

3. Gleiche Aufgabenstellung wie vorangehende Übung – diesmal für Geografieliebhaber!

	Wortgruppe: Was passt nicht?	Begründung
A	AMERIKA ASIEN EUROPA ALASKA AFRIKA	
B	AMAZONAS NIL TEJO MISSISSIPPI PLATTENSEE	
C	ANDEN ALPEN GOBI GOLANHÖHEN KAUKASUS	
D	KALAHARI SAHARA NEFUD KILIMANDSCHARO ATACAMA	
E	NEW YORK PARIS LONDON STOCKHOLM HELSINKI	
F	LOS ANGELES SACRAMENTO SAN FRANCISCO BEVERLY HILLS SAN DIEGO	
G	ÄRMELKANAL BOSPORUS STRASSE VON GIBRALTAR PANAMAKANAL DARDANELLEN	

4. Die Begriffe jeder Gruppe von 1 bis 10 haben immer etwas Gemeinsames. Das Verbindende ist jedes Mal etwas ganz anderes. Sie müssen sich Fragen stellen, vergleichen, abwägen, assoziieren, sich die gegebenen Begriffe bildlich vorstellen.

Beispiele:

A. Kerze, Petroleumlampe, Scheinwerfer, Glühbirne
Lösung: Alle Gegenstände spenden **Licht**.

B. Huhn, Hirsch, Heilbutt, Heuschrecke
Lösung: Es sind alles **Tiere**, die zudem alle mit **H** beginnen.

	Begriffe: Was ist das Gemeinsame?	Lösung
1.	Preis Laus Glas Schnaps Fass	
2.	Flugzeug Kinder Kaffeemühle Radio	
3.	Erde Wasserwirbel Rad Kreisel	
4.	Stein Diamant Schicksalsschlag Beton	
5.	Tomate Stopplicht Hahnenkamm Verbotssignale	
6.	Platz Ampel Biwak Ernte Pfund	
7.	Pfanne Kirchenglocke Eiffelturm Pflug Draht	

8.	Tee Fisch Beinwickel Blumen Fluss	
9.	3 - 32 - 93 - 237 - 13	
10.	Spaghetti Bleistift Baguette Fahnenstange	

5. Welches Menü war das teuerste?

   a) Das Menü vom 1. März war billiger als das vom 5. April.

   b) Das Menü vom 10. Februar war teurer als das vom 20. Mai.

   c) Das Menü vom 1. März war teurer als das vom 10. Februar.

Die gleiche Aufgabe ist leichter zu lösen, wenn die Daten durch Wochentage ersetzt werden:

   a) Das Menü vom Donnerstag war billiger als das vom Samstag.

   b) Das Menü vom Mittwoch war teurer als das vom Freitag.

   c) Das Menü vom Donnerstag war teurer als das vom Mittwoch.

6. Frau Nunft ist sehr sparsam. Sie verwertet alles bis zum letzten Restchen. So strickt sie aus drei schadhaften Pullovern wieder einen neuen. Als ich sie vor langer Zeit sah, besaß sie neun selbst gestrickte Pullover. Heute hat sie nur noch einen, da sie keine neue Wolle dazukaufen wollte. Wie viele Pullover hat sie seit unserer Begegnung angefertigt?

7. Welche Stadt setzen Sie anstelle des Fragezeichens ein?
(schwierige Aufgabe)

Vaduz – Monaco-Ville – **?** – Wien – Lissabon

(Lösungen S. 255–259)

Merke: Humor ist, wenn man trotzdem lacht.
Lachen baut Stress ab, entspannt, fördert und unterstützt
eine gute Laune.

Nachbars Sohn hat die
Aufnahmeprüfung für das Gymnasium bestanden.
Die ganze Familie ist des guten Ausgangs wegen
unendlich stolz, und der zukünftige Abiturient äußert folgenden
Wunsch: »Papa, wenn ich nach dem Urlaub in die Mittelschule gehe,
solltest du mir unbedingt eine Enzyklopädie kaufen.« Der Vater ist
empört und ruft aus: »Eine Enzyklopädie? Kommt gar nicht in Frage,
ich bin immer zu Fuß in die Schule gegangen, und das wird
auch dir, mein Sohn, nicht schaden.«

Welchen Wert haben die Symbole?

Jedes Symbolzeichen im Raster hat seinen fixen Wert. In der rechten Spalte stehen die Additionsresultate jeder Zeile, in der untersten Spalte die Resultate der addierten Spaltenwerte. Finden Sie die Werte der sechs Symbole heraus! Wichtig ist der Einstieg: Mit welcher Zeile oder Spalte müssen Sie beginnen (exakt die Reihen studieren)? Alles Weitere ergibt sich beinahe von selbst.

✿	♡	⌘	❖	∾	∾	25
☼	♡	❖	☼	☼	⌘	22
✿	✿	❖	✿	✿	✿	10
❖	✿	⌘	⌘	∾	♡	20
♡	❖	⌘	✿	⌘	❖	18
♡	♡	❖	❖	⌘	☼	22
17	16	21	18	23	22	

✿ = ...   ⌘ = ...   ♡ = ...

☼ = ...   ❖ = ...   ∾ = ...

(Lösung S. 260)

Waage ins Gleichgewicht bringen

Im folgenden Bild sehen Sie drei Waagen. Die obere und die mittlere befinden sich im Gleichgewicht.

Womit müssen Sie die rechte Waagschale der untersten Waage belasten, damit auch diese im Gleichgewicht ist?

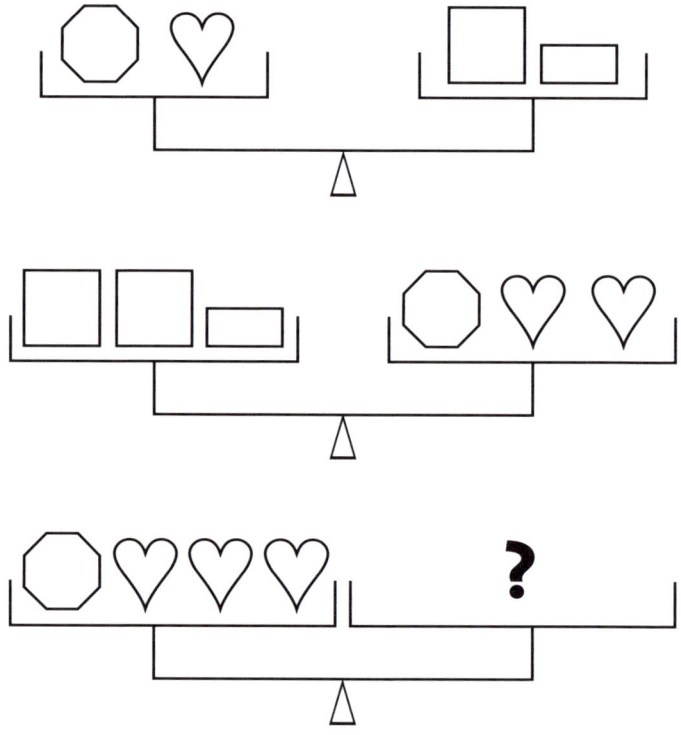

Hinweis: Für die Lösung der Aufgabe benötigen Sie nur Vierecke.

(Lösung S. 261)

Wer ist wer? Logisches Denken

Lesen Sie sorgfältig den Text, und tragen Sie alles, was für Sie klar ist, in die entsprechenden Felder ein. Überlegen Sie immer wieder, welche Schlüsse Sie aus den kombinierten Angaben ziehen können.

Wie heißen die drei Herren mit ihrem vollständigen Namen, was betreiben sie besonders vorbildlich, und wo wohnen sie? – Wir kennen folgende Einzelheiten:

1. Einer studiert »Denkspiele«, einer trinkt täglich 3 Liter Flüssigkeit, und einer geht täglich 30 Minuten spazieren.

2. Sie heißen Fröhlich, Frisch und Früh.

3. Ihre Vornamen lauten Peter, Pierre, John.

4. Sie wohnen in Weimar, Winterthur, Wien.

5. Herr Fröhlich erzählt Herrn Früh, dem Vieltrinker, dass er den Freund, der »Denkspiele« studiert, in Winterthur besucht hat.

6. »Das weiß ich bereits«, antwortet Peter, »Pierre hat mir erzählt, dass er Besuch aus Wien hatte.«

Vorname	Name	Tätigkeit	Wohnort
Peter			
Pierre			
John			

(Lösung S. 261)

Logik im Alltag

Hier eine Auswahl an Verpackungsaufschriften und Gebrauchs-
anweisungen. Welche der folgenden Beispiele sind unlogisch?

1. Auf einer Packung belegter Brote steht auf der Unterseite:
   »Nicht umdrehen.«

2. Unter Zubereitung eines Fertigproduktes ist zu lesen:
   »Vor dem Einschieben in den Ofen Folie entfernen.«

3. Auf dem Beipackzettel eines Schlafmittels steht fett gedruckt:
   »Kann Müdigkeit verursachen.«

4. Warnung zu einem Fertiggericht:
   »Das Produkt ist nach dem Kochen heiß.«

5. Auf der Betriebsanleitung einer Schweißanlage wird gefordert:
   »Falls Sie Analphabet sind, vor Inbetriebnahme die folgenden
   Anweisungen vorlesen lassen.«

6. Eine Partnerschaftssuche-Ausschreibung endet mit dem Satz:
   »Sollten Sie die verlangten Bedingungen nicht erfüllen, rufen
   Sie uns an, und lassen Sie sich beraten.«

7. Auf der Schachtel eines Medikamentes für Säuglinge steht:
   »Nach der Einnahme dieser Medizin nicht Auto fahren oder
   Maschinen bedienen.«

8. Auf einer Packung Nüsse wird hingewiesen:
   »Vor dem Essen Beutel öffnen.«

(Lösung S. 158/159)

Geheimschrift entschlüsseln

Was will Ihnen ein kluges fremdes Wesen mitteilen? Jedes Zeichen vertritt einen und natürlich immer den gleichen Buchstaben.

Der Einstieg ist etwas schwierig. Verschaffen Sie sich zuerst einen Überblick, zum Beispiel darüber, welche Zeichen häufig vorkommen, was die kurzen »Wörter« bedeuten könnten, ob es Wiederholungen in der Zusammensetzung eines Wortes gibt und so weiter. Logik, Ausdauer und Mut zum Probieren führen zum Erfolg.

1. ♣❀❋ 🐱♣➤◎♣⌘♥⓿❀❋★ ✚❀♣ ♣❀❋ ★❀♣◗ ♥◎◗♣❀❋.

2. 🐱♣❀★⓿❀🐱 ✿❀⓿ ➤✋✛⌘♥ ⓿✦◎❀❋❀❋🐱.

3. ✋♣◗✋★🐱 ☞◎⌘♥⓿ ➤♣❀ ☞♣❀★⓿♣✦.

Wenn alle Symbole rätselhaft bleiben, werfen Sie einen Blick auf den Schlüssel auf der folgenden Seite und picken zwei, drei häufig vorkommende Zeichen mit ihrem Buchstaben heraus und ersetzen damit das entsprechende Symbol. Nun wird Ihnen das Lösen vermutlich leichter gelingen.

Schlüssel zur Geheimschrift

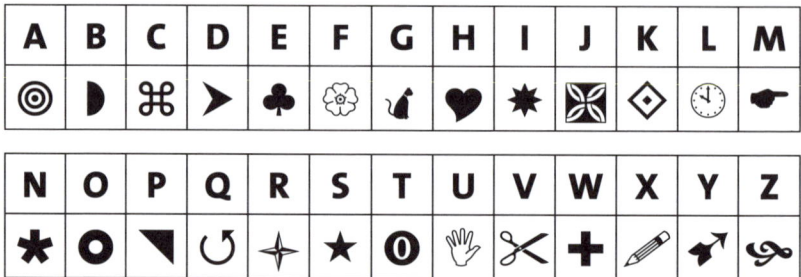

(Lösung S. 262)

Logisch!

Beim Familientreffen unterhält man
sich so über allerlei. Der Onkel erzählt der Nichte,
die eben ihre Banklehre abgeschlossen hat, dass er
jeden Monat einen festen Betrag fürs hohe Alter in eine Kassette
legt, die er dann sorgfältig abschließt und versteckt. – »Warum
eröffnest du nicht einfach ein Konto auf der Bank, dann hättest du
Ende des Jahres stets noch einen zusätzlichen Betrag von den
gutgeschriebenen Zinsen?« fragt Ruth. – »Das ist nicht
nötig, ich lege jeden Monat noch etwas für die
Zinsen dazu«, erklärt der Onkel.

Ein Teil ist zu viel!

Ein Teil in jeder Aufgabe gehört nicht zum zerschnittenen Quadrat. Welches?

Kopieren (eventuell vergrößern), ausschneiden und zusammensetzen.

Besser, aber schwieriger: Die Teile nur im Kopf zusammenfügen.

A

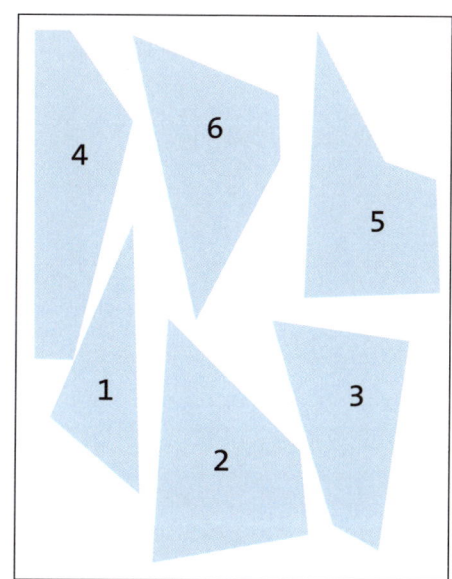

B

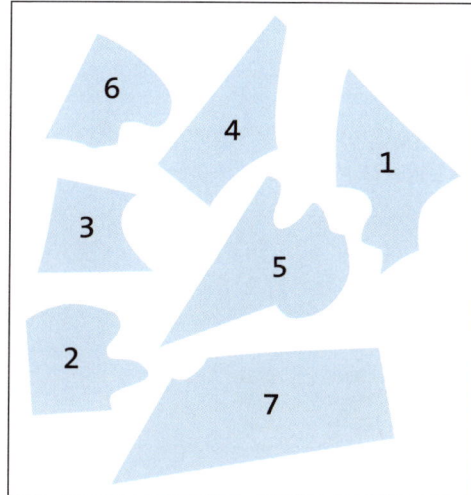

Tipp
Zerschneiden Sie Postkarten, Texte, Papiere, Fotos zu persönlichen Übungspuzzles.

(Lösung S. 262)

Entspannen

PAUSE

Merkfähigkeit

Wenn Sie sich etwas merken wollen, so müssen Sie die neue Information lernen wie seinerzeit das Schreiben, eine Fremdsprache, das Wissen in Ihrem Beruf. Das heißt: Sie müssen sich mit den Angaben auseinandersetzen, diese verstehen, von verschiedenen Seiten her bearbeiten, wiederholen und mit Ihrem bereits vorhandenen Wissen verknüpfen. Das bedeutet harte, ausdauernde Arbeit. Allerdings gibt es viele Lernstrategien und hilfreiche Tipps – ob Sie der folgende anspricht?

Tipp

Brille, Schlüssel, Bahn- und Busfahrkarten, Ausweispapiere, wichtige Kärtchen, Pillendöschen und so weiter müssen Sie in Zukunft

nicht mehr suchen,

denn Sie deponieren diese Gegenstände ab sofort

immer am gleichen Ort.

Bestimmen Sie eine Schachtel, ein Körbchen, eine Schublade an einem für Sie geeigneten Platz in Ihrem Heim oder am Arbeitsplatz, wo Sie all diese Objekte nach Gebrauch sofort wieder hinlegen.

Merke: Bequemlichkeit überwinden und »Zwischenlager« vermeiden!

Wie merkt man sich Namen?

Die Antwort auf die Frage, wie man sich Namen merkt, ist einfach und lautet: »Man muss sie lernen!«

Welche Strategien waren Ihnen eine Hilfe während der Schul- und Ausbildungszeit? Greifen Sie zuerst auf diese zurück. – **Wiederholen** gilt in jedem Fall.

N Nachfragen, wenn man den Namen nicht verstanden hat.

A Anschauen der Personen beim Vorstellen.

M Merkmale beobachten, die mit dem Namen verbunden werden können.

E Einbauen in das persönliche Wissensnetz, wie: »Frau Walter würde zu meinem Schwager Walter passen.«

N Nennen der Namen bei jeder Gelegenheit und möglichst bald Namen aufschreiben.

Tipp

N Nachfragen

A Anschauen

M Merkmale feststellen

E Einbauen und vernetzen

N Nennen, nutzen

Merke: Wenn Sie unter Zeitdruck halb verzweifelt einen Namen suchen, geraten Sie in eine Stresssituation, und die geistige Leistungsfähigkeit wird blockiert. Der gesuchte Ausdruck bleibt »stecken«, bis Sie wieder entspannt sind – ihn aber wahrscheinlich auch nicht mehr dringend brauchen.

Gelassenheit anstreben.

Namen
sind Schall und Rauch ...

..., und trotzdem muss man sich an viele erinnern können.

Diese Redensart stammt aus Goethes »Faust I« und bedeutet: Der Name allein sagt noch nichts über jemanden oder über etwas aus und ist vergänglich.

Ein tröstliches Zitat von Pearl S. Buck:
>»Tugenden machen Menschen bewundernswert –
>kleine Fehler machen sie liebenswert.«

Zu den kleinen Fehlern gehören eigentlich auch vergessene Namen. – Sie, liebe Leserin, lieber Leser, sind aber bereits sehr liebenswert und können diese Eigenschaft kaum mehr steigern durch den »kleinen Fehler«, Namen zu vergessen. Deshalb bleibt Ihnen nichts anderes übrig, als sich mit dem Üben und Behalten von Namen näher zu beschäftigen ...

Namen von Persönlichkeiten merken

Sich 15 Namen mit Angaben auf einmal zu merken, ist viel. Vermutlich ist Ihnen aber die eine oder andere Person bekannt. Es bleibt aber noch genügend »Lernstoff« übrig.

Einfache Übung: 5 bis 7 Namen merken
Schwierigere Übung: alle Namen merken
Schwere Übung: Namen, Nationalität und Beruf merken
Sehr schwere Übung: Namen, Nationalität, Beruf und Jahreszahlen merken

Wie lernen? – Es gibt verschiedene Möglichkeiten. Das Vorgehen hängt von Ihrem Lerntyp, Ihren Gewohnheiten und der Art des Lernstoffes ab. Es lohnt sich, immer wieder neue Wege zu erproben, zum Beispiel:

GRUPPIEREN/ORDNEN nach:
– Geschlecht
– Geburtsdaten
– Tätigkeit
– Nationalität
– alphabetisch
– Merkmalen (Schnauz, Frisur, Gesichtsausdruck)
– Zubehör (Brille, Kopfbedeckung, Schmuck)
– nach persönlicher Sympathie (Emotionen spielen lassen)

Wenn Sie über die eine oder andere abgebildete Person mehr wissen möchten, finden Sie viele Angaben im Internet, in Lexika oder in entsprechenden Biografien.

Marie Curie
(1867–1934)
Polen, Frankreich
Chemikerin, Physikerin
Nobelpreis 1903, 1911

Adolph Zukor
(1873–1976)
Ungarn, USA
Gründer des Hollywoodstudios
»Paramount«

Alexander Puschkin
(1799–1837)
Russland
Dichter

Albert Einstein
(1879–1955)
Deutschland, USA
Physiker
Nobelpreis 1921

Bertha von Suttner
(1843–1914)
Böhmen
Schriftstellerin, Pazifistin
Friedensnobelpreis 1905

Philippe Jordan
(*1974)
Schweiz
Dirigent, Pianist

Ingeborg Bachmann
(1926−1973)
Österreich
Schriftstellerin

Rolf Martin Zinkernagel
(*1944)
Schweiz
Arzt
Nobelpreis 1996

Jessye Norman
(*1945)
USA (Georgia)
Sopranistin

Calvin Coolidge
(1872−1933)
USA
30. Präsident (1923−1929)

Consuelo de Saint-Exupéry
(1901–1979)
San Salvador, Frankreich
Malerin, Bildhauerin
Frau von Antoine de S.-Ex.

Jean Paul Getty
(1892–1976)
USA, England
Unternehmer, Kunstsammler

Jean Tinguely
(1925–1991)
Schweiz
Bildhauer, Künstler

Louis Braille
(1809–1852)
Frankreich
Erfinder der Blindenschrift

Dwight E. Eisenhower
(1890–1969)
USA
34. Präsident (1953–1961)
und Fünf-Sterne-General

Wen erkennen Sie wieder?

An welche Angaben erinnern Sie sich noch? Stellen Sie sich morgen, in ein paar Tagen, in einer Woche und noch später wieder die gleichen Fragen.

Kurzzeitgedächtnis / Arbeitsgedächtnis

Reine Übungen für das Kurzzeitgedächtnis setzen keine speziellen Kenntnisse voraus.

Beispiel: Decken Sie den unten stehenden Zahlenblock ab.

Verschieben Sie das Papier so, dass die erste Zahlenreihe sichtbar wird. Merken Sie sich jede Ziffer einzeln; anschließend decken Sie alles erneut ab und notieren die Ziffern in der richtigen Reihenfolge. Gleiches Vorgehen mit den folgenden, längeren Zahlenreihen.

5197

74038

30617

618593

537928

8462976

27941753

Langzeitgedächtnis / »Wissensarchiv«

Übungen für das Langzeitgedächtnis sind Abruf von Erinnerungen, von Wissen. Im Arbeitsgedächtnis werden die aus dem »Archiv« gelieferten Informationen für den »aktuellen« Gebrauch bearbeitet. Beispiele:

a) Notieren Sie 15 Wörter, die im weitesten Sinne etwas mit Gedächtnis zu tun haben, wie: Gehirn, überlegen ...

b) Wie heißen die Straßen in Ihrer Wohngegend?

c) Was sagt Ihnen das Datum 6. Juni 1944?

(Lösung S. 263)

Langzeitgedächtnis »Literatur«

Interessiert Sie Literatur? Dann ist die folgende Übung das Richtige für Sie.

Bei der Übung mit den Daten von Persönlichkeiten ging es darum, neue Informationen zu verarbeiten und zu lernen. Ihr Kurzzeit-/Arbeitsgedächtnis war vor allem gefordert, und vorhandenes Wissen über die vorgestellten Personen war keine Voraussetzung. Die folgende Aufgabe ist aber nur lösbar, wenn in Ihrem Langzeitgedächtnis dazu nötiges Fachwissen gespeichert und abrufbar ist. Schwerpunkt ist Wissensabruf aus Ihrem persönlichen »Archiv«. Das Kurzzeitgedächtnis ist bei sämtlichen Denkvorgängen aktiv.

Vervollständigen Sie die Liste der 20 Schriftsteller/-innen mit Angaben zu ihrer Nationalität (siehe Tabelle »Länder«, Symbole ☉ ✖ ✳ ♥ ▲, S. 174), ihren wichtigsten Werken (Tabelle »Werke«, Buchstaben A–T, S. 174/175) und zu ihren Geburts- und Sterbedaten (Tabelle »Daten«, Zahlen 1–20, S. 176/177).

Sie kennen nicht alle Autoren? Macht nichts. Übertragen Sie vorerst das, was Sie sicher wissen. Studieren Sie gründlich die vielen Angaben, und überlegen Sie, was zusammenpassen könnte. Die Auswahl und das Rätseln werden laufend leichter, und schließlich staunen Sie, wie viele Puzzleteilchen Sie richtig einsetzen konnten.

Die erste Zeile »Austen, Jane« ist als Beispiel bereits richtig ausgefüllt.

Schriftsteller/-in	Land	Werke	Daten
Austen, Jane	✘	F	3
Bachmann, Ingeborg			
Cechov, Anton P.			
Dickens, Charles			
Döblin, Alfred			
Dostojewskij, Fjodor M.			
Dürrenmatt, Friedrich			
Frisch, Max			
Goethe, Johann Wolfgang			
Heine, Heinrich			
Keller, Gottfried			
Mann, Thomas			
Meyer, Conrad Ferdinand			
Puschkin, Alexander S.			
Schnitzler, Arthur			
Shakespeare, William			
Stifter, Adalbert			
Tolstoi, Leo N.			
Trakl, Georg			
Woolf, Virginia			

Länder

Deutschland	☉
England	✖
Österreich	✳
Russland	♥
Schweiz	▲

Werke

A	Schuld und Sühne (1866), Der Spieler (1867) Der Idiot (1869), Die Dämonen (1872) Die Brüder Karamasow (1880)
B	Anatol (1893), Reigen (1903), Leutnant Gustl (1900) Fräulein Else (1924), Traumnovelle (1926)
C	Mrs. Dalloway (1925), Die Fahrt zum Leuchtturm (1927) Ein Zimmer für sich allein (1929) Die Wellen (1931), Orlando (1928)
D	Krankensaal Nr. 6 (1892), Die Möve (1896) Die Dame mit dem Hündchen (1899) Der Kirschgarten (1904)
E	Buddenbrooks (1901), Der Tod in Venedig (1912) Der Zauberberg (1924) Doktor Faustus (1947), Felix Krull (1954)
F	Vernunft und Gefühl (1811) Stolz und Vorurteil (1813) Mansfield Park (1814), Emma (1816)
G	Der grüne Heinrich (1855/1880), Romeo und Julia auf dem Dorfe (1856) Kleider machen Leute (1874), Gedichte
H	Huttens letzte Tage (1871), Das Amulett (1873) Gustav Adolfs Page (1882), Der römische Brunnen (1882)

I	Buch der Lieder (1827), Reisebilder (1826–1831) Deutschland – Ein Wintermärchen (1844) Romanzero (1851)
J	Die Ermordung einer Butterblume (1913) Wallenstein (1920), Berlin Alexanderplatz (1929) November 1918 (1939–1950)
K	Die Leiden des jungen Werther (1774) Römische Elegien (1795), Faust (1808/1832) Die Wahlverwandtschaften (1809)
L	Der Richter und sein Henker (1952) Der Besuch der alten Dame (1956) Die Physiker (1962), Justiz (1985)
M	Die gestundete Zeit (1953) Anrufung des Großen Bären (1956) Das dreißigste Jahr (1961), Malina (1971)
N	Gedichte (1913), Sebastian im Traum (1915) Verklärter Herbst, Grodek, De profundis, Klage
O	Oliver Twist (1838), Ein Weihnachtslied in Prosa (1843) David Copperfield (1850), Große Erwartungen (1861)
P	Sewastopol (1856), Auferstehung (1899) Krieg und Frieden (1869) Anna Karenina (1877), Die Kreutzersonate (1891)
Q	Studien (1844–1850), Bunte Steine (1853), Witiko (1867) Der Nachsommer (1857) Die Mappe meines Urgroßvaters (1867)
R	Richard III., Der Sturm, Hamlet Romeo und Julia, Sonette
S	Stiller (1954), Andorra (1961) Homo Faber (1957), Mein Name sei Gantenbein (1964) Montauk (1975)
T	Boris Godunow (1831), Der Postmeister (1831) Eugen Onegin (1833), Pique Dame (1834), Gedichte

Daten	
1	* 23.04.1564 Stratford-upon-Avon † 23.04.1616 Stratford-upon-Avon
2	* 28.08.1749 Frankfurt / Main † 22.03.1832 Weimar
3	* 16.12.1775 Steventon (Hampshire) † 18.07.1817 Winchester
4	* 13.12.1797 Düsseldorf † 17.02.1856 Paris
5	* 06.06.1799 Moskau † 10.02.1837 St. Petersburg
6	* 23.10.1805 Oberplan (Böhmen) † 28.01.1868 Linz
7	* 07.02.1812 Portsmouth † 09.06.1870 Gadshill
8	* 19.07.1819 Zürich † 15.07.1890 Zürich
9	* 11.11.1821 Moskau † 09.02.1881 St. Petersburg
10	* 11.10.1825 Zürich † 28.11.1898 Kilchberg / Zürich
11	* 09.09.1828 Jasnaja Poljana (bei Tula) † 20.11.1910 Astapovo
12	* 17.01.1860 Taganrog † 15.07.1904 Badenweiler
13	* 15.05.1862 Wien † 21.10.1931 Wien
14	* 06.06.1875 Lübeck † 12.08.1955 Kilchberg / Zürich
15	* 10.08.1878 Stettin † 26.06.1957 Emmendingen

16	* 25.01.1882 London † 28.03.1941 River Ouse / Sussex
17	* 03.02.1887 Salzburg † 03. / 04.11.1914 Krakau
18	* 15.05.1911 Zürich † 04.04.1991 Zürich
19	* 05.01.1921 Konolfingen / Bern † 14.12.1990 Neuchâtel
20	* 25.06.1926 Klagenfurt † 17.10.1973 Rom

(Lösung S. 263/264)

Abendlied

Gottfried Keller

Augen, meine lieben Fensterlein,
Gebt mir schon so lange holden Schein,
Lasset freundlich Bild um Bild herein:
Einmal werdet ihr verdunkelt sein!
Fallen einst die müden Lider zu,
Löscht ihr aus, dann hat die Seele Ruh';
Tastend streift sie ab die Wanderschuh',
Legt sich auch in ihre finst're Truh'.
Noch zwei Fünklein sieht sie glimmend steh'n
Wie zwei Sternlein, innerlich zu seh'n,
Bis sie schwanken und dann auch vergeh'n,
Wie von eines Falters Flügelweh'n.
Doch noch wandl' ich auf dem Abendfeld,
Nur dem sinkenden Gestirn gesellt;
Trinkt, o Augen, was die Wimper hält,
Von dem goldnen Überfluss der Welt!

Gebäude und ihre Städte

Welcher Gebäudename und welche Bildnummer gehören zusammen? Wissen Sie, in welcher Stadt/Gegend diese Gebäude stehen? Welche berühmten Bauten haben Sie persönlich besucht und wann?

Gebäudename	Bildnummer	Stadt/Gegend
Akropolis		
Arc de Triomphe		
Big Ben		
Brandenburger Tor		
Kapitol		
Golden Gate Bridge		
Großmünster		
Hagia Sophia		
Jungfraujoch		
Petersdom		
Prado		
Rialto-Brücke		
Stephansdom		
Stift Melk		

(Lösung S. 265)

1

2

3

4

5

6

7

8

9

10

11

12

13

14

Bildausschnitte wiedererkennen

Von welchen Bauwerken stammen die folgenden Bildausschnitte?

 **1**

2

 **3**

4

 **5**

6

 **7**

8

 **9**

10

1		2	
3		4	
5		6	
7		8	
9		10	

(Lösung S. 266)

Eine schottische Familie besucht auf ihrer Europareise das weltberühmte Bergdorf Zermatt. Beim Aussteigen aus der Bahn befiehlt der Vater: »Keiner verschwende mir einen Blick aufs Matterhorn, das haben wir zu Hause auf einem Bild.«
Später begegnen sie einer Bekannten aus der Nachbarschaft. Erstaunt erkundigt sich diese: »Ja, machen Sie hier Urlaub?« – »Nein, wir sind auf der Hochzeitsreise«, antwortet der Vater vergnügt. – »Und Ihre Frau Gemahlin, ist sie wohl gerade Souvenirs einkaufen?«, will die Nachbarin weiter wissen. – »Nein, die ist zu Hause in Schottland, denn sie kennt die Gegend bereits. Sie hat die Schweiz in der Jugendzeit mit ihren Eltern bereist.«

Informationen besser verstehen und erinnern durch Strukturieren

Strukturieren bedeutet: Übersicht gewinnen, das Wichtigste, das »Skelett« einer Information erkennen.

Zwei bewährte Modelle, um Textinhalte leichter behalten zu können, sind die **7-W-Fragen** und die **SQ3R-Methode**.

Die 7-W-Fragen

Bearbeiten Sie eine interessante Information, einen Text, etwas, das Sie behalten wollen, nach folgender Methode:

7-W-Fragen	Antworten zuordnen
1. **Wer** ist beteiligt / hat etwas getan?	
2. Mit / von **wem**?	
3. **Was** ist geschehen?	
4. **Wo** ist es passiert?	
5. **Wie** ist es passiert?	
6. **Warum** ist es geschehen?	
7. **Wann** ist es geschehen?	

Je nach Textinhalt können nicht immer alle Fragen beantwortet werden. Allein das Suchen und Überlegen einer möglichen Antwort ist ein Arbeitsprozess, der im Gedächtnis Spuren hinterlässt, die ein späteres Abrufen erleichtern.

Allerdings könnten für vereinzelte Fragen mehrere Antworten möglich sein. Welche ist die wichtigste, welche gehört zum »roten Faden« des Berichtes?

Beispiel: Erste Nobelpreis-Verleihung

Der schwedische Erfinder und Industrielle Alfred Bernhard Nobel (1833–1896) überführte testamentarisch sein riesiges Vermögen in eine Stiftung, um Menschen zu ehren, die in Physik, Chemie, Medizin, Literatur und zur Erhaltung des Friedens besondere Leistungen erbracht haben. Die Verleihung dieser Anerkennung ist wohl die höchste Ehrung, die ein Wissenschaftler erhalten kann. Am 10. Dezember 1901, dem 5. Todestag von Alfred Nobel, wurde der Nobelpreis zum ersten Mal in Stockholm in einer würdevollen Feier durch König Oskar II. überreicht. Die Preisträger waren Conrad Röntgen (Physiker, D), Jacobus Henricus van't Hoff (Chemiker, NL), Emil von Behring (Arzt, D), René Sully Prudhomme (Schriftsteller, F), Jean Henri Dunant (Gründer des Roten Kreuzes, CH).

7-W-Fragen zu »Erste Nobel-preis-Verleihung«	**Antworten zuordnen**
1. **Wer** ist beteiligt?	Alfred Bernhard Nobel
2. Mit **wem**?	mit fünf Preisträgern
3. **Was** ist geschehen?	Übergabe der Auszeichnungen
4. **Wo** ist es passiert?	Stockholm / Schweden
5. **Wie** ist es passiert?	festliche Veranstaltung mit dem König von Schweden
6. **Warum** ist es geschehen?	zur Anerkennung besonderer Leistungen
7. **Wann** ist es geschehen?	am 10. Dezember 1901

Die SQ3R-Methode

Der Amerikaner Francis Robinson entwickelte bei Untersuchungen mit Studenten die **SQ3R-Methode**, mit welcher er eine bessere Behaltensquote beim Lernen zu erzielen hoffte. Der Erfolg ist eindeutig.

S = Survey — Überblick verschaffen

Q = Question — Fragen zum Textinhalt formulieren

R = Read — lesen, um Unklarheiten zu beseitigen

R = Recite — wiederholen, zusammenfassen

R = Review — Gesamtzusammenfassung und Bericht an Dritte

> **Tipp**
> Wählen Sie Texte und Artikel, deren Themen Sie interessieren, und wenden Sie die eine oder andere Strategie an. Der etwas höhere Zeitaufwand lohnt sich.

Wer fragt, ist ein
Narr für fünf Minuten.
Wer nicht fragt,
bleibt ein Narr für immer.
chinesisches Sprichwort

Aufgabe für die **7-W-Fragen** und/oder die **SQ3R-Methode**

Erfolgreiches Treffen

Domenico Scarlatti (*26.10.1685, Neapel, † 23.07.1757, Madrid), der Komponist von Vokalmusik, Opern und über 550 Cembalosonaten, besuchte im Jahre 1706 einen Maskenball in Venedig. Zur Unterhaltung der Gäste wurden auch musikalische und theatralische Einlagen geboten. Ein Unbekannter, schwarz maskiert, spielte auf dem Spinett. Scarlatti lauschte fasziniert. Noch nie zuvor war ihm eine so vollkommene Beherrschung dieses Instrumentes, verbunden mit so makelloser Musikalität, begegnet. Niemand der Anwesenden kannte den großartigen Pianisten, und Scarlatti erwog: »Das muss der Teufel selber oder der viel gerühmte Sachse sein.«

Im anschließenden Gespräch stellte sich wahrhaftig heraus: Der Interpret war Georg Friedrich Händel (*23.02.1685, Halle, † 14.04.1759, London). Ab dieser Stunde wurden die beiden Freunde fürs Leben, und jeder bewunderte die Werke des anderen.

Welche Methode spricht Sie mehr an? Beide verhelfen zur Übersicht und Verarbeitung der Informationen.

Beantworten Sie zuerst alle Fragen (siehe Seite 186), ohne zwischendurch nachzulesen. Dann vergleichen Sie mit dem Text.

7-W-Fragen	Antworten zuordnen
1. **Wer** hat etwas getan?	
2. Mit / von **wem**?	
3. **Was** ist geschehen?	
4. **Wo** ist es passiert?	
5. **Wie** ist es passiert?	
6. **Warum** ist es geschehen?	
7. **Wann** ist es geschehen?	

(Lösung S. 266)

Tipp
Befestigen Sie Erinnerungsmerkmale an strategischen Stellen. Am Zahnputzbecher eine Wäscheklammer als Mahnung, dass Sie den Tag mit einem tüchtigen Schluck Wasser beginnen oder ein schmales, buntes Band an der Haustürklinke, damit der Postfachschlüssel nicht mehr zu Hause bleibt.

Merke: Lachen gehört zum Tagesprogramm.

»Letzte Nacht habe ich geträumt, du hättest mir 100 Euro geschenkt.« – »100 ist ein bisschen viel. Aber es geht in Ordnung, du darfst sie behalten.«

Die Hand hilft erinnern

Sie stehen vor dem Postfach, und der Schlüssel blieb mal wieder zu Hause; zudem kommen Zweifel auf, ob Sie das Küchenfenster geschlossen haben, und die Lesebrille liegt offenbar, schon wie das letzte Mal, noch neben dem Telefon. Solch wiederholter Ärger ist vermeidbar.

Ihre Hand ist immer mit dabei – die Finger übernehmen Erinnerungsaufträge. Jeder Finger hat seine wohlüberlegte Aufgabe; im vorliegenden Falle wie folgt:

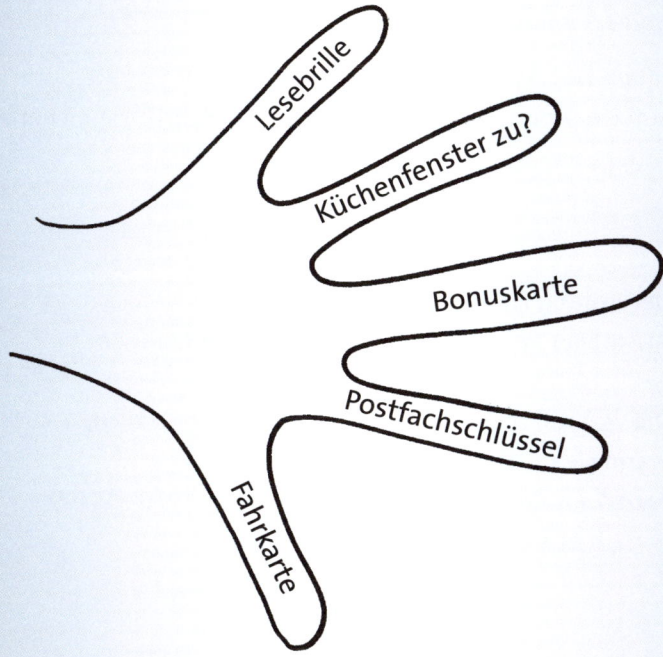

Beim Zuteilen der Aufträge an die Hand berühren Sie mit Druck den entsprechenden Finger und stellen Sie sich dabei vor, wie am Daumen die Fahrkarte klebt, der Zeigefinger ▷

das Postfach öffnet, der Mittelfinger mit der Bonuskarte triumphiert, der Ringfinger sich um den Griff des Küchenfensters klammert und der kleine Finger die Lesebrille balanciert. Wenn Sie ausgehbereit sind, rufen Sie die Erinnerungsaufträge jedes Fingers ab. Dann können Sie sich beruhigt auf den Weg machen.

Diese Mini-Strategie ist vielseitig anwendbar. Die wichtigsten Stichwörter eines Gesprächs, Vortrags, Artikels können Sie an den Fingern »zwischenlagern«. Fünf bis zehn Schritte der Bedienung eines Gerätes können ebenfalls auf diese Art kontrolliert werden.

Sie haben zwei Hände, zudem Innen- und Außenseite, so können Sie problemlos 20 Informationen, Begriffe speichern.

»Der Anfang ist die Hälfte des Ganzen.«
Aristoteles (griechischer Philosoph, 384–322 v. Chr.)

»Die wahren Lebenskünstler sind bereits glücklich,
wenn sie nicht unglücklich sind.«
Jean Anouilh (französischer Dramatiker, 1910–1987)

Rascher und mehr behalten

Ordnen ist bereits die halbe Erinnerungsarbeit!

Individuell wird der Inhalt neuer Informationen in sinnvolle Gruppen aufgeteilt. Das Vorgehen hängt dabei vom eigenen Wissen und Verständnis ab. Das Lernvolumen wird dadurch reduziert, vereinfacht, übersichtlicher, leichter abgespeichert und rascher wieder abgerufen.

Beispiele:

1. Wie mühsam liest sich doch diese Buchstabenfolge!

FARBENSPIELENIMTÄGLICHENLEBENEINEVONDENMEISTEN
UNTERSCHÄTZTEENORMEROLLE.

Ordnung bringt Erleichterung:

FARBEN SPIELEN IM TÄGLICHEN LEBEN EINE VON DEN
MEISTEN UNTERSCHÄTZTE ENORME ROLLE.

Und die gewohnte übliche Schreibweise stellt überhaupt kein Leseproblem dar:

Farben spielen im täglichen Leben eine von den meisten
unterschätzte, enorme Rolle.

2. 25 Begriffe zum Ordnen und Merken!

Bananen	bewegen	Rot	Biene	Apfelsaft
Wasser	Fliege	Gemüsesaft	freuen	Nuss
schlafen	Grün	Tomaten	Mücke	trinken
Hummel	Ananas	essen	Blau	Rosa
Gelb	Tee	Kaffee	Apfel	Wespe

Hier ein Vorschlag für eine Ordnung, die ein müheloses Merken ermöglicht.

1) Früchte	2) Farben	3) Tätigkeitswörter	4) fliegende Insekten	5) Getränke
Apfel	Rot	trinken	Wespe	Apfelsaft
Tomaten	Grün	freuen	Mücke	Gemüsesaft
Nuss	Gelb	essen	Fliege	Kaffee
Ananas	Rosa	schlafen	Hummel	Tee
Bananen	Blau	bewegen	Biene	Wasser

1) Besonders zu empfehlen zur Unterstützung der Hirnleistung!

2) Umgeben Sie sich mit Farben – wichtig für Ihr Wohlgefühl!

3) Wichtige Tätigkeitswörter zum Befolgen, um möglichst viele Blackouts zu vermeiden!

4) Mehr verachtet als beachtet, aber interessante Beobachtungsobjekte zum Schulen der Konzentration!

5) Jetzt gleich trinken, wichtig!

Behalten von Begriffen

A. In logische Gruppen aufteilen, Überblick gewinnen, Anzahl pro
   Gruppe berücksichtigen.

▲ Kanton Bern ▲ Seine ▲ Weißkugel ▲ Hamburg
▲ Garonne ▲ Kanton Waadt ▲ Großglockner ▲ Berlin
▲ Loire ▲ Frankfurt ▲ Kanton Graubünden ▲ Wildspitze
▲ München ▲ Kanton Tessin ▲ Rhône ▲ Köln
▲ Kanton Wallis ▲ Großvenediger

(Lösung S. 267)

B. Weitere Übungsmöglichkeit: eine alltägliche Einkaufsliste.

✳ Filzstifte ✳ Birnen ✳ Zahnseide ✳ Strümpfe ✳ Zitronen
✳ Grieß ✳ Tomaten ✳ Socken ✳ Karotten ✳ Karteikarten
✳ Zahnpasta ✳ Gerste ✳ Briefumschläge ✳ Hemd ✳ Reis
✳ Spinat ✳ Klebeband ✳ Post-it ✳ Handcreme ✳ Seife

(Lösung S. 267)

Tipp
Wenn Sie im Alltag auf interessante Informationen stoßen,
nutzen Sie dies als Merkübungen, indem Sie die Fakten in
sinnvolle Gruppen aufteilen. Sie erweitern nebenbei gleich
noch Ihr Wissen.

Symbole merken

Merken Sie sich die Symbole und das Feld, in dem sie platziert sind. Schalten Sie eine kleine Pause ein, bevor Sie die Zeichen in die gleichen Quadrate auf Seite 196 eintragen.

1.

2.

Änderungen im Einkaufszentrum

Hier die bisherige Ordnung in einer Schuhabteilung. Merken Sie sich die Einteilung!

Hausschuhe	Stiefel	Pumps
Kinderschuhe	Wanderschuhe	Herrenschuhe
Badeschuhe	Sandalen	Turnschuhe

Die neue Anordnung (Umstellung) finden Sie auf der folgenden Seite. Beschäftigen Sie sich zuerst nur mit dieser Aufgabe.

Schließlich wurde im ganzen Kaufhaus umgeräumt. Merken Sie sich auch hier die bisherigen Standorte der verschiedenen Abteilungen!

Mäntel	Röcke	Sport	Hosen
Abendkleider	Unterwäsche	Pullover	Blusen
Schuhe	Jacken	Kasse	Hüte
	Eingang		Blumen

(Gehen Sie nun zu Seite 195!)

Wurden in der Schuhabteilung wirklich die Regale neu eingeräumt? Wenn ja, was ist anders?

Hausschuhe	Sandalen	Badeschuhe
Kinderschuhe	Stiefel	Wanderschuhe
Pumps	Herrenschuhe	Turnschuhe

Rekonstruieren Sie im leeren Raster die frühere Anordnung!

	Sandalen	

(Gehen Sie zurück zu Seite 193!)

»Die Mode ist so hässlich, dass wir sie alle Halbjahre wechseln müssen.«
Oscar Wilde (englischer Dramatiker, 1854–1900)

Was hat sich im übrigen Teil des Warenhauses geändert?
(Vorgehen wie in der Schuhabteilung)

Unterwäsche	Röcke	Hosen	Abendkleider
Jacken	Mäntel	Pullover	Blusen
Sport	Schuhe	Eingang	Hüte
	Kasse		Schokolade

Raster zum Eintragen der früheren Anordnung:

Um Gewissheit zu haben, dass Sie die Veränderungen richtig wahrgenommen haben, vergleichen Sie mit den Originalplänen!

Leere Raster für die Übungen von Seite 192

Zeichnen Sie (mehr oder weniger erkennbar) aus der Erinnerung die verschiedenen Symbole in die richtigen Felder.

1.
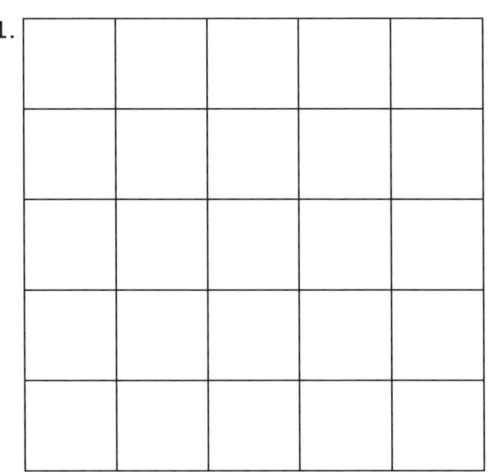

2.

Zwei Fliegen auf einen Schlag!

Bei dieser Übung gehen Sie »auf Distanz«. Gleichzeitig fordert die Übung Sie zu leichter Bewegung heraus, und Sie trainieren Ihren Kurzzeitspeicher sowie die Merkfähigkeit.

    1. Besser erinnern
    2. Bewegung mit einem Laufdiktat

Anleitung:

Sie hinterlegen einen Text – Zeitungsartikel, Gedicht, Witz, Wortliste, Adressenverzeichnis und so weiter – möglichst in einem anderen Raum und pendeln zwischen diesem und dem Arbeitsplatz hin und her. Sie memorieren den Textverlauf so umfangreich wie möglich – von wenigen Wörtern bis zu einem ganzen Satz –, kehren zum Arbeitstisch zurück und schreiben auf, an was Sie sich noch erinnern. Ist die Information vergessen oder lückenhaft, befassen Sie sich nochmals mit der gleichen Textstelle.

Nach 10 bis 15 Minuten brechen Sie die Übung ab, auch wenn noch nicht der ganze Text »übertragen« ist, und vergleichen Ihre Notizen mit dem Original.

Für einen ersten Versuch steht Ihnen der folgende Artikel über etwas Alltägliches zur Verfügung, das wir meistens abschätzig betrachten, obschon auch eine »lästige« Fliege ein Wunder der Schöpfung ist.

> **Tipp**
> Erheben Sie sich beim Aufstehen, ohne sich mit den Händen am Tisch oder Pult abzustützen.

Laufdiktat

Die lästige Fliege!

Sie verhält sich hartnäckig, aufdringlich und neugierig. Genau dieser Eigenschaften wegen diente sie im alten Ägypten als Symbol für Tapferkeit.

Für weitere bemerkenswerte Eigenschaften verdient die Fliege unsererseits mehr Achtung. Sie ist eine erstklassige Pilotin und fliegt trotz ihrer Winzigkeit zwei Meter pro Sekunde, schlägt während dieser Zeit etwa 200-mal mit ihren Flügeln. Beim Starten schnellt sie mit ihrem mittleren Beinpaar hoch und entfaltet im Sprung die Flügel. Bei blitzschnellen Saltos landet sie nie auf dem Kopf, dank ihres außergewöhnlichen Gleichgewichtsorgans, den Schwingkölbchen. Mit diesen registriert sie die Lage, fliegt sicher in der Gegend herum und landet überall mühelos.

Spiegelglatte, steile Flächen sind kein Problem. Haftläppchen mit Hafthaaren an allen sechs Füßen, an die bei Bedarf ein klebriges Sekret abgegeben wird, sichern einen festen Halt. Mit den Vorderfüßen schmeckt sie; bei Gefallen fährt die Fliege ihren Rüssel aus und saugt die Mahlzeit auf. Sie kann nur Flüssiges aufnehmen. Bei fester Nahrung scheidet sie Speichel aus zum Verflüssigen.

Die Fliege lebt gerne bei uns Menschen. Hier findet sie alles, was sie braucht: Feuchtigkeit, Wärme und Nahrung. Sie hat sich perfekt an unser häusliches Leben angepasst!

Tipp
Beobachten Sie bei nächster Gelegenheit neugierig eine »lästige« Fliege. Verfolgen Sie deren Flug möglichst nur mit den Augen, ohne den Kopf allzu stark zu bewegen.

Können Sie sich erinnern?

Was muss unbedingt gepflegt werden, damit das Gehirn optimal arbeiten kann?

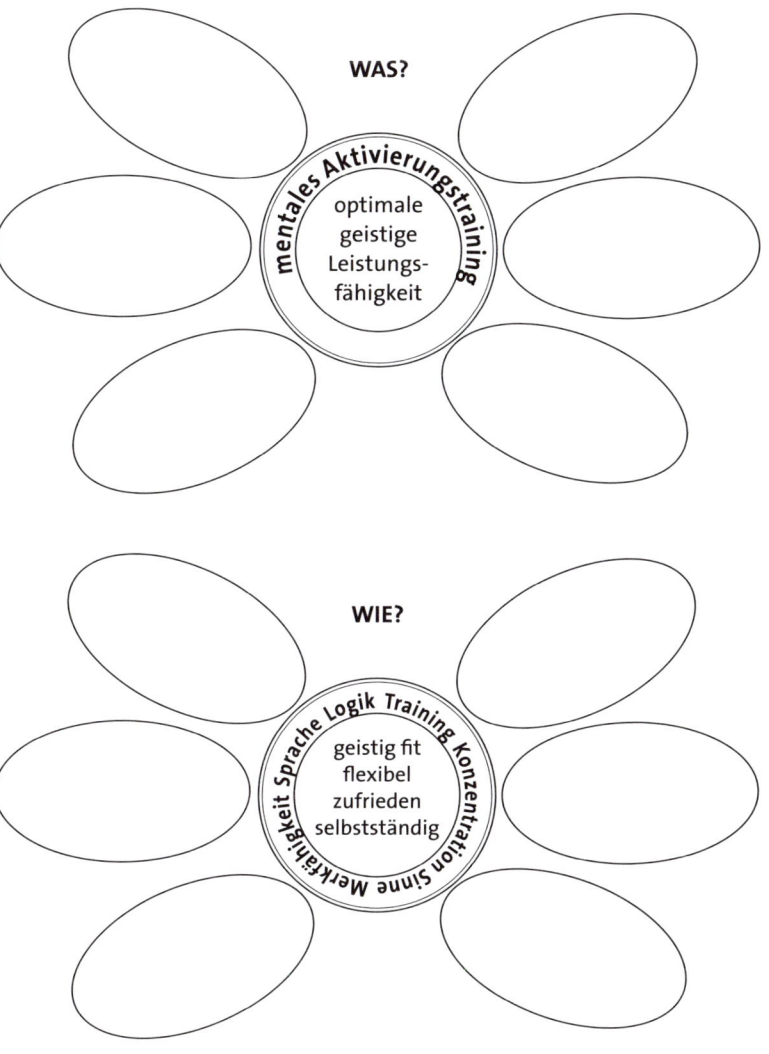

WAS?

mentales Aktivierungstraining

optimale
geistige
Leistungs-
fähigkeit

WIE?

Merkfähigkeit Sprache Logik Training Konzentration Sinne

geistig fit
flexibel
zufrieden
selbstständig

(Kontrolle siehe Seite 19 und 20)

Merkfähigkeit spielend verbessern

Material: ein Würfel, sechs kleine Deckel aus Papier oder Karton, ein wenig größer als die Bild- und Begriffskreise auf den Seiten 202 bis 205 (siehe Muster Seite 201), nummeriert von 1 bis 6.

Wenn Sie keinen Würfel zur Verfügung haben, können auch Kärtchen mit den Zahlen 1 bis 6 genommen werden. Statt gewürfelt, wird in diesem Fall je ein Zahlenkärtchen »blind« gezogen.

Leichte Variante

Setzen Sie die Abdeckungen 1 bis 3 auf je ein Feld der Seiten 202/203 oder 204/205 und merken Sie sich, welches Bild beziehungsweise welcher Begriff unter welcher Zahl liegt. Nun würfeln Sie, zum Beispiel eine Drei. Bevor Sie den Deckel mit der Zahl 3 wegnehmen, sagen Sie, welches Bild oder welcher Begriff sich darunter versteckt. Wenn Sie richtig getippt haben, legen Sie den Karton auf ein anderes Feld, das Sie sich natürlich wiederum einprägen. Konnten Sie sich nicht erinnern, wird das gleiche Feld wieder zugedeckt. Sie werden bald feststellen, dass diese spielerische Übung Konzentration, Aufmerksamkeit, das Gehirn ganz allgemein fordert.

Beim Spielen mit drei abgedeckten Feldern gilt beim Würfeln: 6 Augen auch 3, 5 Augen auch 2 und 4 Augen auch 1.

Anspruchsvolle Variante

Vier, fünf und schließlich sechs Deckel ins Spiel nehmen. Interessanter und noch schwieriger wird das Training zu zweit oder dritt. In diesem Fall ist es unerlässlich, dass die Person, die am Zug ist, laut sagt, welches Bild oder welchen Begriff sie abdeckt. Vergrößern Sie mit dem Kopierer das Spielfeld, oder gestalten Sie ein eigenes.

Kopiervorlage für Abdeckkartons

Für das Training mit 6 Spielmarken werden diese von **1 bis 6** nummeriert. Für das Training mit **drei** Spielmarken werden auf der Rückseite drei Stück **wie folgt nummeriert**:

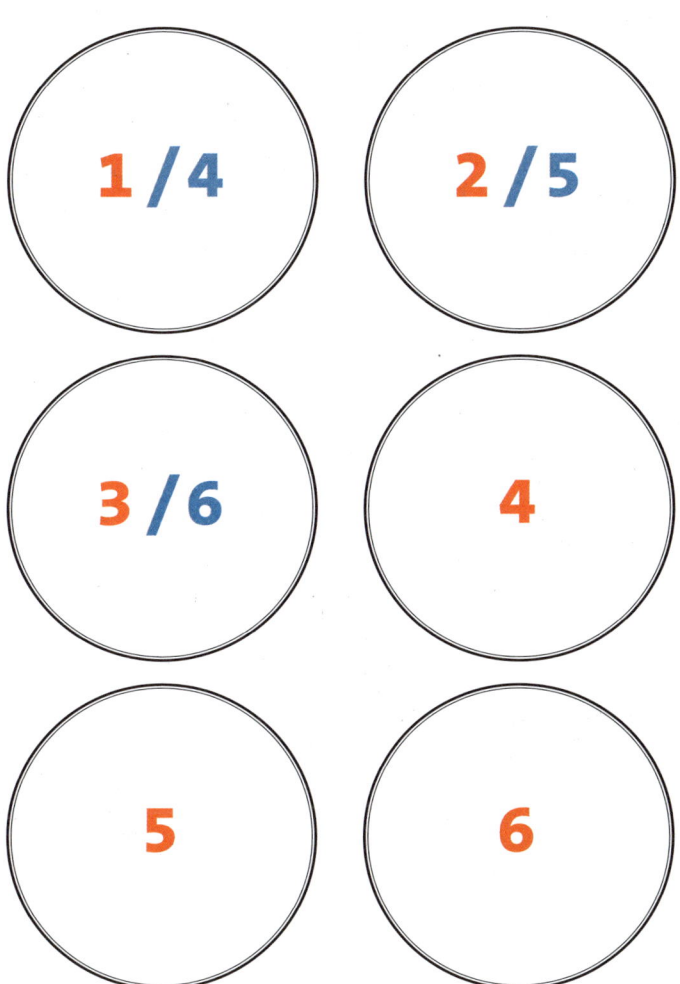

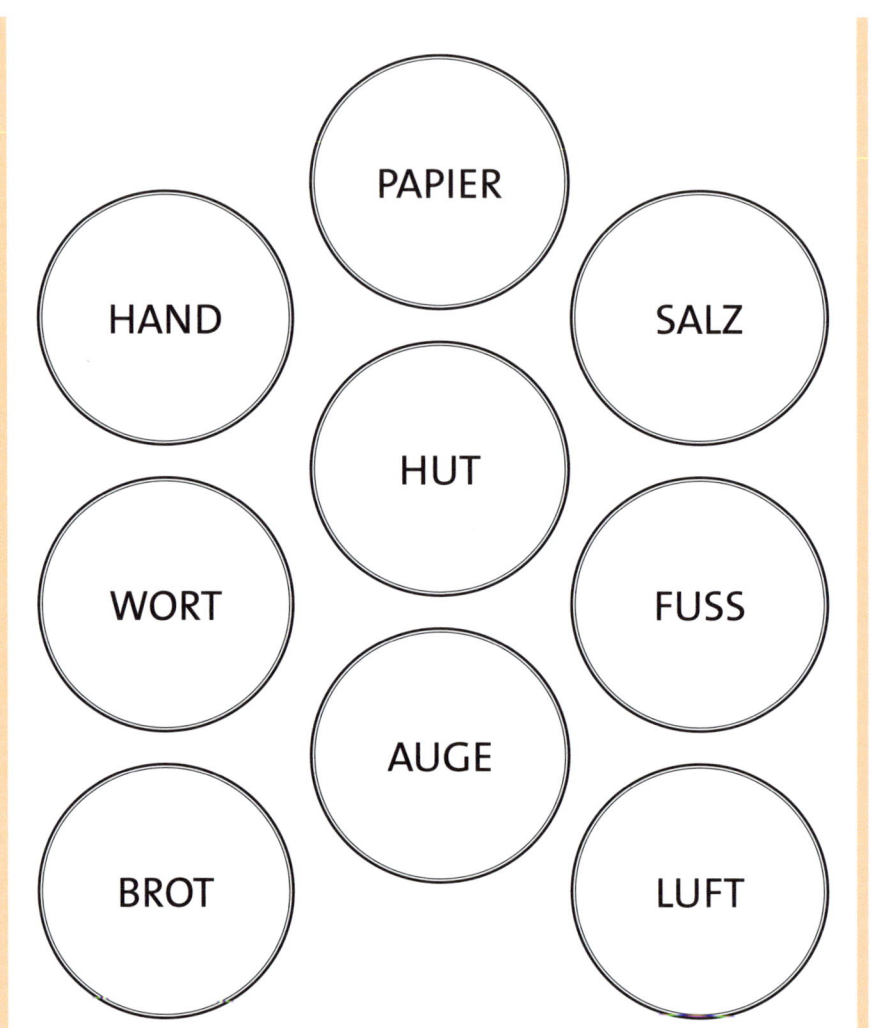

PAPIER

HAND

SALZ

HUT

WORT

FUSS

AUGE

BROT

LUFT

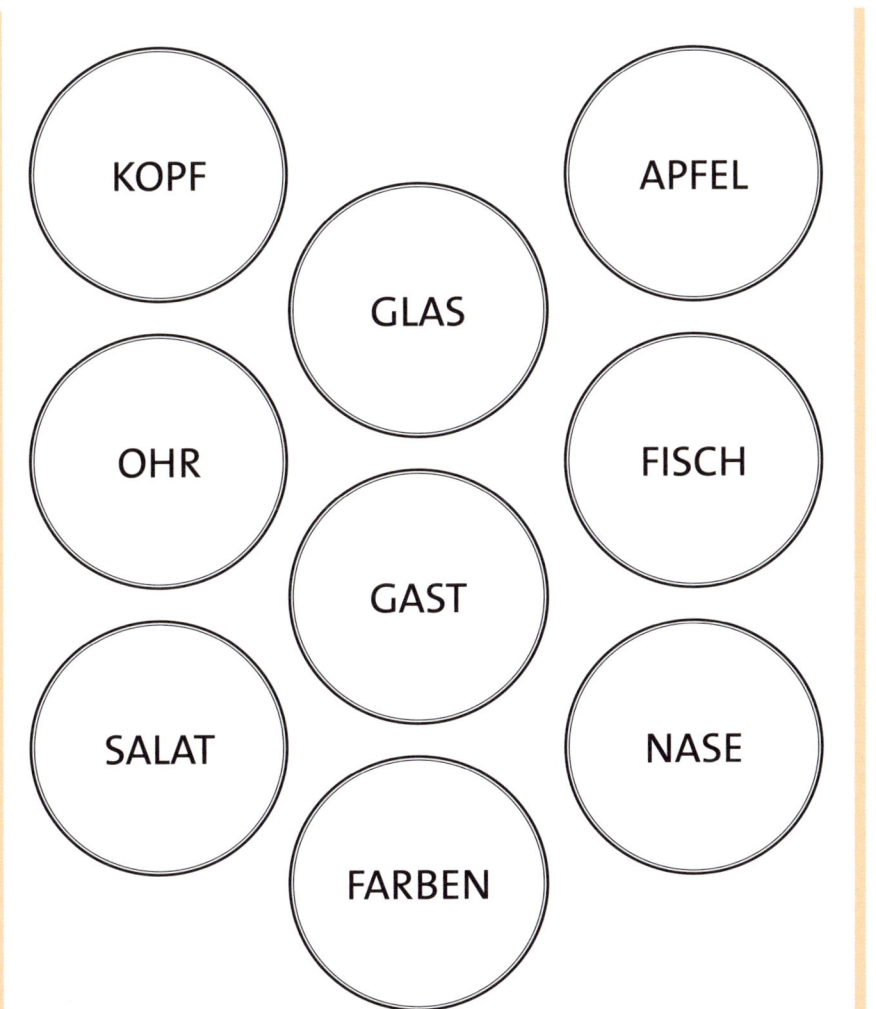

Merken und behalten – erleichtert den Alltag

Rezept für ein Apfelgebäck

Lernen Sie das Rezept auswendig. Dann klappen Sie das Buch zu, holen ein Glas Wasser zum Trinken oder öffnen das Fenster. Erst nach dieser Aktivierung schreiben Sie auf, was Sie noch abrufen können. – Wie wird Ihr Gebäck, haben Sie nichts vergessen? Bevor Sie im Buch nachschlagen, überprüfen Sie Ihre Notizen, und überlegen Sie sich, ob der Kuchen mit den aufgezählten Zutaten munden würde.

5	Eigelb
300 g	Zucker
300 g	geriebene Äpfel
	abgeriebene Schale einer halben Zitrone
200 g	gemahlene Haselnüsse
100 g	Paniermehl
1 Teel.	Zimt
5	geschlagene Eiweiß

Fortsetzung, damit Sie den Kuchen wirklich backen können:

Eigelb und Zucker schaumig rühren. Äpfel schälen und reiben, mit den Haselnüssen, der Zitronenschale, dem Paniermehl und dem Zimt unter die Masse rühren. Eiweiß steif schlagen und sorgfältig mit dem Teig vermischen. In eine eingefettete Backform von etwa 24 cm Durchmesser einfüllen und bei 200 °C 50 bis 60 Minuten backen. Das Gebäck schmeckt noch besser am zweiten oder dritten Tag.

»Birchermüesli« – Rezept für eine Person

Merkaufgabe wie bei »Rezept für ein Apfelgebäck«. Die Zutaten sind jedoch fortlaufend aufgezählt.

> Ein Esslöffel Haferflocken, Saft einer halben
> Zitrone, etwa je drei Esslöffel Milch und Joghurt,
> wenig Zucker oder Sirup, ein Apfel oder Früchte
> nach Wunsch und Saison, ein paar Nüsse und
> flüssiger Honig zum Nachsüßen.

Bringen Sie Ordnung und Übersicht in die Aufzählung. So merkt es sich leichter!

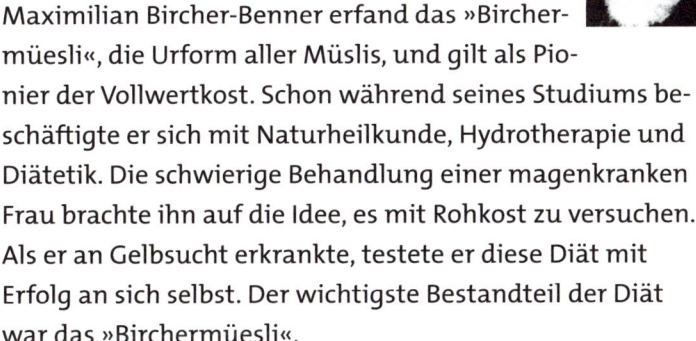

Maximilian Oskar Bircher-Benner
*1867 in Aarau, †1939 in Zürich
Arzt und Ernährungswissenschaftler

Maximilian Bircher-Benner erfand das »Birchermüesli«, die Urform aller Müslis, und gilt als Pionier der Vollwertkost. Schon während seines Studiums beschäftigte er sich mit Naturheilkunde, Hydrotherapie und Diätetik. Die schwierige Behandlung einer magenkranken Frau brachte ihn auf die Idee, es mit Rohkost zu versuchen. Als er an Gelbsucht erkrankte, testete er diese Diät mit Erfolg an sich selbst. Der wichtigste Bestandteil der Diät war das »Birchermüesli«.

Übung macht den Meister!

Deshalb merken Sie sich die unten stehenden zehn Begriffe. Ob Sie diese den Fingern zuordnen, gruppieren, alphabetisch, nach Silben- oder Buchstabenanzahl ordnen, mehrere Male abschreiben, Zeichnungen davon machen, zwei bis drei miteinander vernetzen, verbinden, mit deren Rhythmus spielen …

… das steht Ihnen frei!

Berufsmusiker
Fische
Krankheiten
Leistungsfähigkeit
Medikamente
Schmerz
Seele
Sprichwort
Taktschläge
Universität

Auf der folgenden Seite finden Sie einen Text mit Wortlücken. Die dort fehlenden Begriffe haben Sie soeben memoriert. Setzen Sie diese logisch ein, vorerst ohne einen Blick auf die Wortliste zu werfen.

»Wo Musik ist, da lass dich ruhig nieder«, sagt ein altes _ _ _ _ _ _ -
_ _ _ _. Wissenschaftliche Untersuchungen haben bestätigt, dass
Musik mehrheitlich positive Wirkungen auslöst. Musik hilft zu ent-
spannen, lässt wohlfühlen, bringt in vielen Fällen eine generelle Ver-
besserung der gesundheitlichen Situation, aktiviert nachhaltig die
Gehirnstrukturen und erhöht dadurch die geistige _ _ _ _ _ _ _ _ _ -
_ _ _ _ _ _ _ _ _.

Nach dem Zweiten Weltkrieg entwickelte sich in den USA das, was
wir heute Musiktherapie nennen; Kriegsveteranen wurden systematisch mit Musik psychisch wieder aufgebaut. Seither wird diese
Therapieform bei ganz verschiedenen _ _ _ _ _ _ _ _ _ _ _ eingesetzt.
Besonders schwer kranke Patienten empfinden das als wohltuend.
Lieblingsmusik hören hilft häufig, _ _ _ _ _ _ _ _ _ _ _ einzusparen
bei _ _ _ _ _ _ _, Angst und Stress. Wird ein Patient bereits vor einem
chirurgischen Eingriff mit den gewünschten Melodien berieselt, ist
er entspannter und benötigt geringere Dosen von Narkosemitteln.

Auch bei Menschen mit Problemen des Bewegungsapparates (zum
Beispiel der Parkinson-Krankheit) werden erstaunliche Erleichte-
rungen und das Steigern des Wohlbefindens durch rhythmisches
Bewegen mit Musik festgestellt. Bei Demenzen (zum Beispiel der
Alzheimer-Krankheit), nach Schlaganfällen oder komatösen Zu-
ständen kann Musik zur Kontaktaufnahme verhelfen.

Altersunabhängig verhilft eine beruhigende Musik von 60 bis 80 _ _ _ _ _ _ _ _ _ _ _ _ pro Minute zu rascherem Einschlafen. Die Probanden erzählten später, dass die Schlafqualität bedeutend besser war und sie tagsüber unter weniger Beschwerden litten.

Forscher der _ _ _ _ _ _ _ _ _ _ _ _ Athen stellten fest, dass Mozart-Musik nicht nur Menschen positiv beeinflusst, sondern auch _ _ _ _ _ _ in einem Versuchsaquarium. Mozart-Klänge weckten ganz besondere Lebenslust: Der Appetit, die Bewegungsfreude, der Drang sich zu vermehren nahmen erstaunlich zu, und die Farben der Fische wurden kräftiger.

Ein Übermaß an Musik kann aber auch krank machen. _ _ _ _ _ _ _ _ _ _ _ _ _ haben im Alter öfter Gehörschäden als passive Musikgenießer. Probleme im Bereich von Muskeln, Sehnen und Knochen sind leider bei Berufsmusikern auch keine Seltenheit.

Insgesamt gesehen ist Musik Balsam für die _ _ _ _ _, macht gesund und geistig fit.

(Lösung S. 268/269)

Haben Sie heute Ihren Ohrwurm schon genossen? Sie haben ja gelesen, dass Musik fit und gesund macht? Doch bevor Sie sich diesem Vergnügen voll hingeben, merken Sie sich zuerst Fachwörter, die mit dem Ohr zu tun haben.

Aufbau unseres Gehörapparates

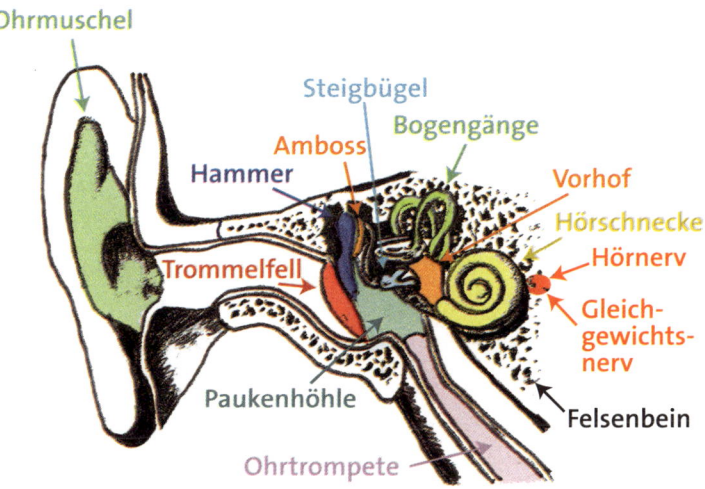

Die lateinischen Namen sind für Leute aufgeführt, denen die deutsche Benennung bereits geläufig ist.

Steigbügel	Stapes
Amboss	Incus
Hammer	Malleus
Trommelfell	Membran tympani
Paukenhöhle	Cavitas tympanica
Hörschnecke	Cochlea
Ohrtrompete = Eustachische Röhre }	Tuba auditiva
Bogengänge	Ductus semicircularis = Teil des Labyrinths
Vorhof	Vestibuli
Felsenbein	Pars petrosa
Ohrmuschel	Auricula
Hörnerv	Nervus cochlearis
Gleichgewichtsnerv	Nervus vestibularis

Hammer, Amboss und Steigbügel sind die kleinsten Knochen des menschlichen Körpers.

Der Hammer ist am Trommelfell angeheftet und kann dessen Schwingungen übernehmen und über den Amboss an den Steigbügel weiterleiten. Die Knochenkette ist mit Gelenken versehen, sodass die Kraft, die auf den Hammer wirkt, um das Dreifache erhöht wird, bis sie den Steigbügel erreicht hat.

Hier können Sie überprüfen, ob Sie die vielen Details im Ohr richtig zuordnen und benennen können. Linke Buchseite dabei abdecken!

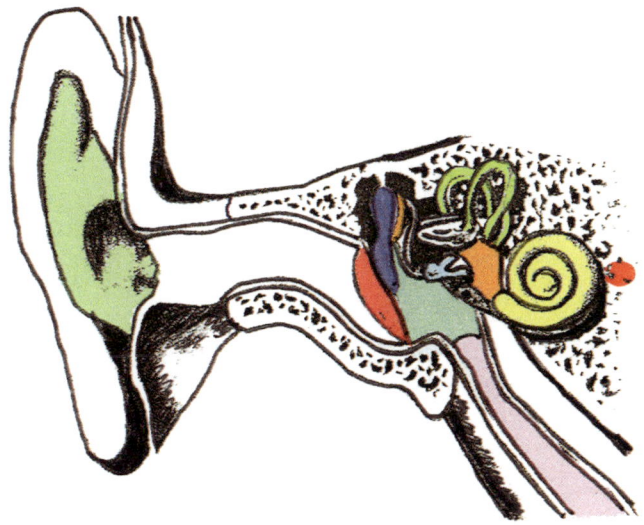

Eine ältere Dame wird mit verbrannten Ohren ins Krankenhaus eingeliefert. »Wie ist so was möglich?«, fragt der Arzt. »Ich habe gebügelt«, erzählt die Frau, »da klingelte das Telefon. Ich war so in Gedanken versunken und habe statt des Hörers das Bügeleisen ans Ohr gepresst.« – »Aber warum ist auch das andere Ohr verbrannt?« – »Ich musste doch den Notarzt anrufen«, erklärt die Patientin erstaunt über die »dumme« Frage des Arztes.

Dekoratives Falten von Servietten

Material: Stoff- oder solide Papierserviette

Merken Sie sich die vier Schritte zum Falten der Serviette. Stellen Sie sich die Arbeitsgänge bildlich vor, das wird Ihnen beim Rekonstruieren helfen. Dann legen Sie das Buch weg und setzen die Anleitung auswendig um.

1. Ungefaltete Serviette einmal von oben nach unten falten.

2. Die linke und rechte obere Spitze zur Mitte hin nach unten falten, Kante nicht ausstreichen.

3. Den linken Teil des Dreiecks nach rechts falten, die Fläche wird halbiert, Falzlinie ausstreichen.

4. Serviette aufstellen, leicht auseinanderzupfen. Fertig!

(bildliche Anleitung S. 269)

Merke: Bildliches Vorstellen bereitet vielen Menschen vorerst Mühe, kann aber geübt und erlernt werden. Gutes Vorstellungsvermögen erlaubt, mehr Informationen wahrzunehmen, abzuspeichern und wieder abzurufen als Lernen nur über die Sprache. Bildliches Denken ist besonders erfolgreich.

Lösung der Aufgabe Seite 124

Haben Sie auch was zu erzählen nach Ihrer Kopfreise?

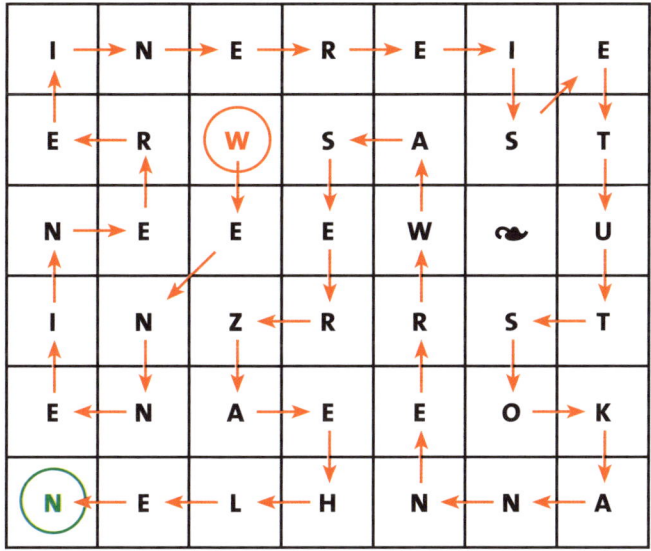

Ausstieg

Was noch gesagt werden muss!

Mit dem Zuklappen dieses Buches ist das Thema »Denkspiele« nicht vom Tisch. Sie haben hier eine Hauptstraße mit Seitenwegen zur individuellen Förderung der geistigen Leistungsfähigkeit entdeckt. Sie wissen aber, »viele Wege führen nach Rom« – es gibt noch Unzähliges zu erforschen und zu erproben. Wir bleiben dran, Sie auch!

Wir haben Sie hoffentlich beruhigt: Man darf vergessen, und Vergessen ist etwas Normales.

Nie und nimmer vergessen dürfen Sie aber:

- Genügend trinken!

- Mit Vernunft und Genuss essen!

- Häufiges Bewegen und Entspannen!

- Sorgsam und aufmerksam mit Ihrem Körper und Ihrer Seele umgehen!

- Regelmäßiges, kurzes Trainieren!

Das Gehirn schätzt ein »hirngerechtes« Umfeld:

- Arbeitsbedingungen (möglichst wenig Stress, ordentlicher und gut organisierter Arbeitsplatz, Ruhe, weder zu warm noch zu kalt, regelmäßig gelüfteter Raum, Pausen)

- Motivation (sich klar werden, warum man etwas macht, Prioritäten setzen, positive Einstellung)

- Kontakte (hervorragendes Training für das Zuhören, Beobachten, Argumentieren, Kombinieren, Umstellen, Anpassen und für viele neue Ideen und Anreize)

- Schlaf (weder zu viel noch zu wenig – während des Schlafs ordnet das Gehirn das Tagesgeschehen, festigt neu Gelerntes und »repariert« körperliche Schäden; Schlafentzug reduziert stark die geistige Leistungsfähigkeit)

> **Tipp**
> Behandeln Sie körperliche Einschränkungen von Hören, Sehen, Kauen und so weiter optimal, und benutzen Sie Hilfsgeräte.

Auch falls Sie 100 Jahre alt wären, sagen Sie nie: »Es lohnt sich nicht mehr.« Wenn Ihnen eine Neuanschaffung oder eine Umstellung eine persönliche Verbesserung bringt oder Ihnen Freude bereitet, lohnt sich der Aufwand.

Setzen Sie sich Ziele, die Sie in kleinen Schritten planen, und belohnen Sie sich selbst, wann immer etwas abgearbeitet ist. Belohnung bereitet Freude – Gefühle der Freude bewirken vermehrte Ausschüttung des Glückshormons Serotonin, was eine Wohltat für Körper und Gehirn ist und die geistige Leistungsfähigkeit positiv beeinflusst.

Genießen Sie nun die wohlverdiente Belohnung – was auch immer das ist!

Denkspiele

Gratulation zu Ihrem Durchhalten und vielen Dank für Ihr Interesse. Somit sind wir schon beim

angelangt. Doch wir kommen wieder. Teilen Sie uns bitte mit, was Sie besonders interessiert. Wir berücksichtigen gerne Ihre Wünsche, denn wir sind »**IN**«.

Ihre **IN**es und **IN**grid

Ines Moser-Will
Sandbüelstrasse 15
CH-8606 Greifensee

inesmoser@active.ch

Ingrid Grube
Leibnizallee 2
D-99425 Weimar

ingrid.grube@vr-web.de

Lösungsteil

Lösungen zu »Einstieg«

Wortsilben zusammensetzen

Seite 26

1. Bewegung   fördert geistige Leistungsfähigkeit durch erhöhte Sauerstoffzufuhr ins Gehirn.

2. Entspannung   sorgt für Wohlbefinden von Kopf bis Fuß.

3. Ernährung   Mit Genuss und Verstand zu essen, trägt einiges zu ausdauernder Leistungsfähigkeit bei. Für das Gehirn sind Kohlenhydrate unerlässlich.

4. Gruppieren   heißt den Überblick zu gewinnen und Bearbeiten durch Aufteilen in Gruppen.

5. Konzentration   ist das A und O beim Lernen und Erinnern.

6. Logik   ist folgerichtiges Denken und Schritt um Schritt Zusammenhänge erkennen.

7. Sinne   sind »Eingangsportale« für die Informationsaufnahme.

8. Speichern   ist das Einordnen im Langzeitgedächtnis für späteren Abruf.

9. Vernetzen   ist bearbeiten und bedeutet, etwas mit vorhandenem Wissen zu verknüpfen.

10. Vitamine   und Mineralstoffe unterstützen die Hirnfunktionen.

11. Wasser   – viel trinken ist von großer Wichtigkeit.

12. Wortabruf   bedeutet, zur richtigen Zeit das richtige Wort zur Verfügung zu haben.

13. Wortkette   ist eine einfache Übung für den Wortabruf.

Buchstaben zählen Seite 28/29

insgesamt 134 **n** und **N**

Hier ist Logik gefragt! Seite 35/36

A. B passt nicht, da alle anderen Buchstaben nur gerade Linien haben, oder: E fällt aus der Reihe als einziger Vokal.

B. Quadrat 3 scheidet aus, da die Zeichen der vier anderen Felder in sich geschlossen sind.

C. Anstelle des Fragezeichens passt zum Beispiel Feige. Die Aufzählung von Früchten erfolgt alphabetisch, dabei wird jeweils ein Buchstabe übersprungen.

   A̶ **B** E̶ **D** E̶ **F** G̶ **H** I̶ **J**

D. Sie hatte alle – **außer** 6 kg – verkauft, also blieben 6 kg übrig.

E. Ein Bungalow hat nur ein Erdgeschoss und somit keine Treppe ins obere Stockwerk.

F. **46**, denn **4** + 1 = **5** x 2 = **10** + 1 = **11** x 2 = **22** + 1 = **23** x 2 = **46** + 1 = **47** x 2 = **94**.

Lösungen zu »Konzentration«

Ordnung bringt Klarheit! Seite 45

DENKTRAINING – L und S bleiben übrig.

Ziffernpaare Seite 47

tiefster Zahlenwert	17
höchster Zahlenwert	36
Ziffernpaare total	24
einzelne Ziffernpaare	18 / 22 / 24 / 28 / 32 / 35
doppelte Ziffernpaare	17 / 19 / 20 / 23 / 27 / 29 / 31 / 34 / 36
fehlende Ziffernpaare	21 / 25 / 26 / 30 / 33 (zwischen 17 und 36)

Blitzrechnen steigert die Konzentration Seite 49

A = 20	H = 43
B = 25	I = 33
C = 16	J = 36
D = 21	K = 39
E = 27	L = 31
F = 37	M = 40
G = 22	

Zahlenpyramiden

1

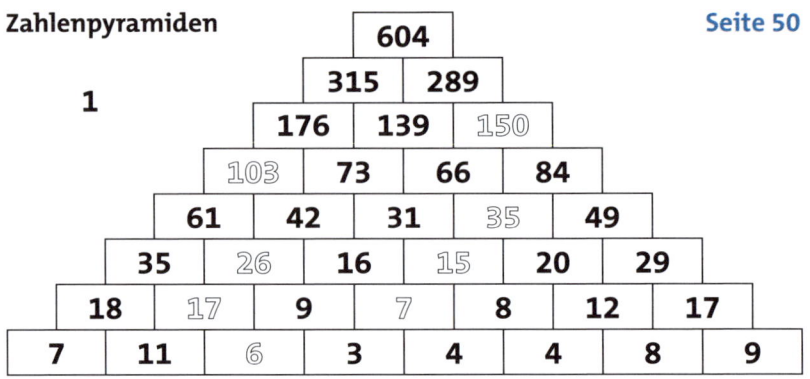

2

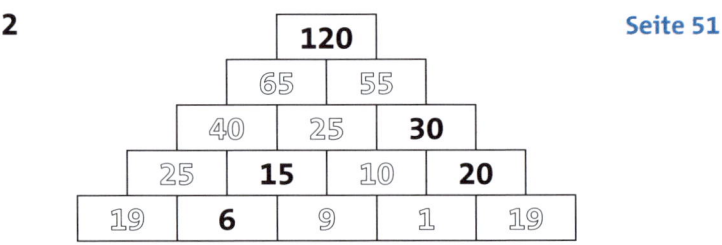

3

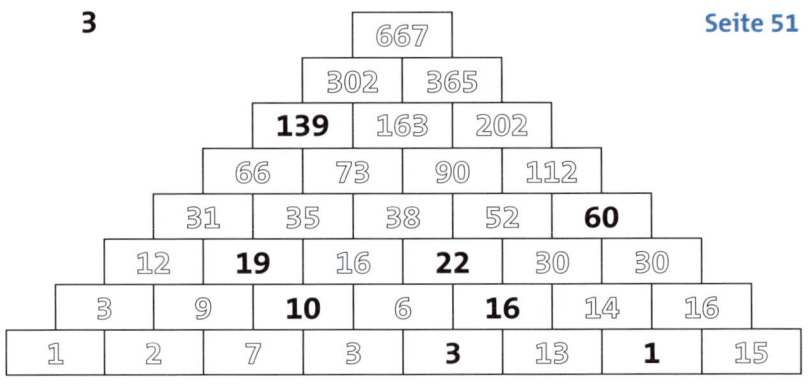

Volle Aufmerksamkeit beim Entziffern Seite 56/57

Farben – ihre Wirkung

Farben verschönern nicht nur unsern Alltag, sondern sie haben eine große Wirkung auf das Verhalten von Mensch, Tier und Pflanzen. Sie beeinflussen Wohlbefinden, Leistungsfähigkeit, Gesundheit und Laune. Farben tragen dazu bei, unser Gemüt im Gleichgewicht zu halten.

Der Mensch ist ein riesiges »Sensorenbündel« mit Hunderttausenden von Sensoren für die Aufnahme von Frequenzen wie die Strahlungs- und Schwingungskräfte der Farben. Diese Energien lösen in unserem Nervensystem verschiedenste Reize aus.

So erklärt sich, dass wir in einem blaugrün gestrichenen Zimmer bei 15°C Kältegefühl empfinden, in einem orangefarbenen aber erst bei 12°C zu frieren beginnen.

In Kliniken wird es bunter, da sich die Patienten in Räumen mit hellblauen Zimmerdecken und pfirsichfarbenen Wänden rascher erholen und das Operationsteam in Grün weniger ermüdet als in Weiß.

Bewohner einer öden Landschaft haben durchschnittlich einen höheren Alkohol- und Drogenverbrauch als Menschen, die in einer farbenfrohen Zone mit üppiger Flora wohnen. Deshalb sind die Häuser in Island bunt gestrichen.

Kühe in einem lindgrünen Stall geben mehr Milch als Tiere, die in einem düsteren, eintönigen Raum untergebracht sind.

Ein blau gestrichener Stall hat nur wenige Fliegen, in einem orangefarbigen kommen sie in Scharen.

Mäuse und Ratten sterben bei einfarbiger Dauerbeleuchtung. Ein Chamäleon verendet bereits nach einer halben Stunde in einem roten Gehäuse.

Der Einfluss der Farben ist beeindruckend und sollte genutzt werden.

Farben drücken Gefühle aus

Seite 58

Rot ist die Liebe.

Rot ist der Hass.

Rot ist die Wut.

Grün ist die Hoffnung.

Grün bedeutet Frische.

Gelb ist der Neid.

Gelb ist die Missgunst.

Blau ist die Kühle.

Blau ist die Sehnsucht.

Blau steht für Leben.

Weiß ist die Umschuld.

Schwarz ist die Trauer.

Versteckte Farben

Seite 59

d	r	u	v	b	b	m	n	o	t	i	g
d	f	g	h	j	l	a	n	c	r	o	t
b	o	n	m	a	a	b	v	x	c	l	n
m	r	p	o	i	u	z	t	r	e	i	g
q	a	w	g	e	r	t	z	u	i	e	o
p	n	u	a	r	a	s	d	f	l	g	h
j	g	k	l	y	u	x	c	b	v	b	n
m	e	q	e	r	n	e	i	u	d	b	m
n	b	v	c	x	p	i	n	z	t	r	n
r	e	t	u	z	t	u	n	i	o	p	a
s	r	e	g	e	n	b	o	g	e	n	n
m	o	s	v	i	o	l	e	t	t	r	e

Extrawort: REGENBOGEN

B	H	A	U	S	F	R	A	U	A	L	K	F
I	R	I	G	A	E	R	T	N	E	R	F	M
O	I	S	I	L	Z	A	H	N	A	R	Z	T
B	N	B	T	R	I	H	N	K	N	A	M	I
A	T	R	A	G	L	A	R	P	O	L	E	M
U	E	A	P	E	O	L	I	M	A	N	C	I
E	R	U	A	E	C	G	I	A	D	E	H	O
R	N	E	S	U	S	K	A	L	N	N	A	E
K	I	R	L	A	U	D	E	E	A	A	N	N
R	S	U	M	P	E	L	S	R	T	E	I	L
Z	T	C	H	E	N	R	O	S	E	N	K	R
M	A	N	N	F	T	I	L	O	M	I	E	K
K	O	N	D	I	T	O	R	H	E	R	R	C
V	I	E	L	♥	G	L	U	E	C	K	♥	♥

Haben Sie noch weitere Wörter gefunden, zum Beispiel Rosen, Mann, Herr, viel Glueck (was wir Ihnen wünschen)?

28-mal KIND

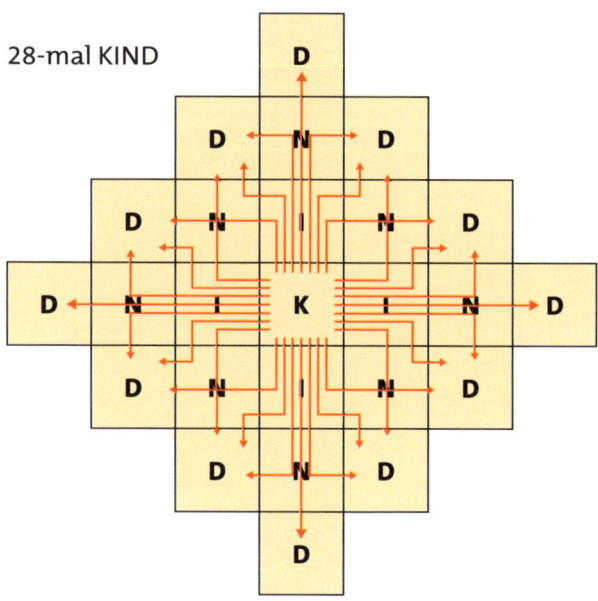

Eine weitere Aufwärmübung **Seite 62**

29 x »**er**«

Musik macht klüger

Am**er**ikanische Wissenschaftl**er** d**er** Ohio State Univ**er**sity in Columbus wollten es wied**er** mal beweisen: Klassische Musik **er**höht die
geistige Leistungsfähigkeit und macht klüg**er**. Ein Team um den
Forsch**er** Charles Em**er**y startete ein ungewöhnliches Exp**er**iment
mit Männ**er**n und Frauen, die eine H**er**zop**er**ation hint**er** sich hatten. Die V**er**suchsteilnehm**er** trainie**er**ten während ein**er** gewissen
Zeit je 30 Minuten auf einem Laufband. Anschließend mussten si**e**

rasch einen Test ablegen: möglichst viele Wört**er** zu vorgegebenen Gebieten noti**er**en. Einige bewegten sich zu leichten G**er**äuschen, and**er**e zu Vivaldis »Vi**er** Jahreszeiten« und eine weit**er**e Gruppe tonlos. Das best**e R**esultat **er**reichte durchweg die Gruppe mit den »Vi**er** Jahreszeiten«.

Städte, Länder, Berge, Flüsse ...   Seite 63/64

Als sich die ersten Menschen entwickelten, lebten sie in Höhlen oder einfachen Hütten. Mit der Zeit gab es immer mehr Menschen. Sie lernten, mit Werkzeugen umzugehen und große Häuser zu bauen, und dort, wo das Klima angenehm und auch ausreichend Trinkwasser vorhanden war, begannen sie schon vor Jahrtausenden mit dem Bau ganzer Städte. Heute gibt es unzählige Großstädte. Manche davon sind größer als ganze Länder.

Als die größte Stadt der Welt gilt **Mexiko-Stadt**. Hier sollen über zwanzig Millionen Menschen leben; doch die genaue Zahl kennt niemand, denn man kann die Einwohner der Stadt kaum zählen. Tagtäglich kommen Zehntausende hinzu, und niemand registriert sie. **Mexiko-Stadt** ist gut fünfzig Kilometer lang, und es dauert Stunden, mit dem Auto von einem Ende der Stadt zum anderen zu fahren.

Vor fünfhundert Jahren, als noch die Azteken in **Mexiko** lebten, lag die Stadt inmitten eines Sees. Der See ist inzwischen unter den Häusermassen verschwunden. Das Wasser wurde von den Steinen und Gebäuden verdrängt, doch die Spuren des ehemaligen Sees sind heute noch zu sehen. Die Stadt steht auf schwammigem Land, das unter der Last der Gebäude nachgibt. Über all die Menschen und Häuser von **Mexiko-Stadt** ragt der Vulkan(berg) **Popocatepetl**. Er ist fünftausendvierhundertzweiundfünfzig Meter hoch und aktiv, das heißt, aus seinem Innern kann jederzeit Lava emporkommen. Die hohen Temperaturen in Mexiko erlauben es, bis auf viertausendachthundert Meter auf den Vulkan zu fahren, denn erst oberhalb von viertausendachthundert Meter Höhe liegen Eis und Schnee.

Gleich nach Mexiko-Stadt ist São Paulo in Brasilien die zweitgrößte Stadt der Welt. Hier sollen knapp neunzehn Millionen Menschen leben. Die meisten Riesenstädte gibt es allerdings in China, wo insgesamt über eine Milliarde Menschen leben, doch dazu mehr Informationen, wenn wir einmal eine Traumreise durch China entlang des Jangtsekiang machen.

Alphabet und Fantasie Seite 65

1. AGT	=	TAG	4. PRSU	=	SPUR
2. CHINT	=	NICHT	5. AEKLNRZ	=	KANZLER
3. EGIRS	=	GREIS	6. EGHLOWZ	=	HOLZWEG

Den sechs Wörtern begegnen Sie im folgenden Text:

Konrad Adenauer hatte im Bundestag eine Rede gehalten. Da erhob sich ein Abgeordneter und kritisierte: »Herr Bundeskanzler, es ist unbestritten, Sie sind alt geworden, ehrlich gestanden, ein Greis. Gestern haben Sie genau das Gegenteil behauptet von dem, was Sie uns heute erklärt haben.« Adenauer lächelte und antwortete: »Sie sind wohl auf dem Holzweg und haben nicht bemerkt, dass ich täglich etwas lerne und eine Spur klüger werde.«

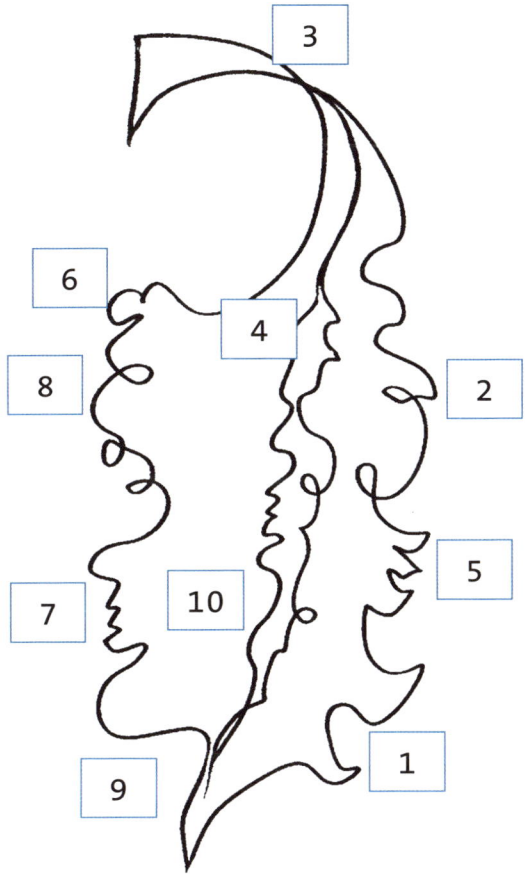

Lösungen zu »Sinne«

»Sehsünden« Seite 71

Bereits ein verspannter Nacken kann zu Sehproblemen führen. Die Blutzirkulation erreicht zunächst die wichtigsten Sehzentren im Hinterkopf. Ist der Nacken verspannt, ist die Blutzirkulation reduziert und dadurch auch die Sehleistung.

Ein angestrengter Blick verbraucht mehr Energie als entspanntes Sehen, und die Sehkraft erschöpft sich schneller als sie regeneriert. Gelingt es, die Augenmuskeln zu entspannen, wird das Auge besser durchblutet, was die Regenerationsfähigkeit der Netzhaut unterstützt. Grün regt die Bildung neuer Zellen an und ist die Farbe, die für das Auge am wohltuendsten ist. Licht, Farbe und Dunkelheit werden bewusst nur mit den Augen wahrgenommen.

Veränderungen im Blumenstrauß Seite 73

Bild in Streifen zerschnitten Seite 74

7 – 2 – 6 – 4 – 3 – 1 – 5

Bild falsch zusammengesetzt Seite 75

1 = F
2 = I
3 = E
4 = B
5 = G
6 = C
7 = D
8 = A
9 = H

Das ist ein Familienwappen. Sie können Ihre Fantasie üben und überlegen, welche Aufgaben diese Person aufgrund der Symbole bewältigt hat.

Antwort:

Hoher Militärrang: Diese Person könnte Gewässerkorrekturen geplant und durchgeführt sowie die Entwicklung der Elektrizität vorangetrieben und die entsprechenden Installationen gebaut haben.

Riech-, Nase- und Duft-Redewendungen:

- Eigenlob stinkt.
- mit der Nase vorn sein
- Es stinkt zum Himmel.
- Das riecht man drei Meilen gegen den Wind.
- Ich kann sie nicht riechen.
- sich eine goldene Nase verdienen
- Er hat die Nase gestrichen voll.
- Das konnte ich nicht riechen.
- die Nase in anderer Leute Angelegenheiten stecken
- Sie müssen sich zuerst beschnuppern.
- Er hat seine Duftmarke hinterlassen.
- den richtigen Riecher haben
- den Braten riechen
- die Lunte riechen
- der Duft der großen, weiten Welt
- die Nase hoch tragen
- die Nase über jemanden rümpfen
- jemanden an der Nase herumführen
- jemandem auf der Nase herumtanzen
- jemandem etwas vor die Nase setzen
- jemandem etwas vor der Nase wegschnappen
- seine Nase in alle Töpfe stecken
- jemandem die Würmer aus der Nase ziehen
- jemandem etwas an der Nasenspitze ansehen

Was bedeuten diese Redewendungen?

Lösungen zu »Sprache«

Was gehört zusammen? Seite 95

Abkürzung	z. B. (zum Beispiel)
Anrede	Liebe Leser
Buchstabe	M
Initialen	BB (Béla Bartók, Brigitte Bardot)
Konsonanten	mltb
Name	Henri Dunant
Redewendung	Wer sucht, der findet.
Reim	denken – lenken / hören – stören
Satz	Erholungspausen sind wichtig.
Satzzeichen	? ; !
Symbol	☏
Vokale	aoe
Wort	Wasser
Zitat	»Das Denken gehört zu den größten Vergnügen der menschlichen Rasse.« Bertolt Brecht

Neuer Anfangsbuchstabe = anderer Begriff Seite 96/97

Es gibt mehrere Lösungsmöglichkeiten, die richtig sein können.
Die beiden Begriffe von oben nach unten gelesen lauten:

> A = DENKTRAINING
> B = GRATULATION

A

ZORN	**D**ORN	**D**
ABER	**E**BER	**E**
HEBEL	**N**EBEL	**N**
LAMM	**K**AMM	**K**
RAUSCH	**T**AUSCH	**T**
HOSE	**R**OSE	**R**
IST	**A**ST	**A**
EGEL	**I**GEL	**I**
JACHT	**N**ACHT	**N**
ACH	**I**CH	**I**
SONNE	**N**ONNE	**N**
RAST	**G**AST	**G**

B

FLOCKE	**G**LOCKE	**G**
GEBEN	**R**EBEN	**R**
FUGE	**A**UGE	**A**
FRAGEN	**T**RAGEN	**T**
LEBEN	**U**EBEN	**U**
DUFT	**L**UFT	**L**
OCHSE	**A**CHSE	**A**
KATZE	**T**ATZE	**T**
AMMER	**I**MMER	**I**
AFFEN	**O**FFEN	**O**
HAGEL	**N**AGEL	**N**

Tipp

Lernen Sie jeden Tag etwas Neues, zum Beispiel einen Namen, der Ihnen immer wieder entfiel, ein einzelner Begriff in einer Fremd- oder auch in der Muttersprache, etwas aus dem Gebiet Ihres Hobbys oder einfach, was Sie gerade interessiert.

Passende Begriffe

Seite 98

				F	E	N			
	Z	U	H	Ö	**R**	E	N		
	B	E	G	L	**E**	I	T	E	N
		B	L	U	**U**	M	E	N	
V	E	R	S	T	Ä	**N**	D	N	I	S
			G	E	**D**	U	L	D	
			G	E	**S**	C	H	E	N	K
E	H	R	L	I	**C**	H	K	E	I	T
			L	A	C	**H**	E	N	
V	E	R	T	R	**A**	U	E	N	
		T	R	E	**F**	F	E	N	
		K	R	I	**T**	I	K		

Anagramm

Seite 99/100

Verben

GARTEN	–	TRAGEN
NADEL	–	LADEN
UHREN	–	RUHEN
LIEBCHEN	–	BLEICHEN
BAUERN	–	RAUBEN
GESTEIN	–	STEIGEN
REIFEN	–	FEIERN

	Adjektive
SCHLAF	– FALSCH
REIF	– FREI
LAUF	– FAUL
TEILE	– EITEL
LIESE	– LEISE
TREUE	– TEUER
BLEI	– LIEB

Buchstabensalat Seite 101

1. TOBS	OBST
2. ICHSF	FISCH
3. STAAL	SALAT
4. KARQU	QUARK
5. ANNABE	BANANE
6. TIERWANGE	TEIGWAREN
7. TÄTERERKEU	KRÄUTERTEE
8. EDELHEIERBEN	HEIDELBEEREN
9. LOBROVLKTORN	VOLLKORNBROT
10. WALREIMSRASEN	MINERALWASSER
11. SCHÜRFENTHÜLE	HÜLSENFRÜCHTE

Eine etwas andere »Hör«-Geschichte Seite 102/103

Eine Gruppe junger Leute beteiligte sich an einem schwierigen Wettbewerb. Das **Ziel** war, einen Schacht für einen neuen **Ziehbrunnen** auszuheben. Jeder Teilnehmer musste an einer **anderen** Stelle graben.

Viele Zuschauer hatten sich zum Anfeuern der Konkurrenten **versammelt**. Doch niemand glaubte daran, dass **jemand** bis zum Grundwasserspiegel gelangen würde, denn das hieße, mindestens 500 m in die **Tiefe** zu buddeln. »Das kann niemand **schaffen**, der Grundwasserspiegel ist unerreichbar, die **Erde** ist viel zu hart, das Ganze ist viel zu **anstrengend**«, war der Kommentar der Fachleute.

Bereits gaben die **ersten** Teilnehmer resigniert auf und immer **rascher** folgten die Nächsten, bis nur noch ein Letzter unbeirrt und emsig **Geröll** ans Tageslicht beförderte.

Wiederum **riefen** die Könner und die Zaungäste: »Das geht bestimmt noch **schlecht** aus, das kann keiner allein schaffen.« Die **negativen** Äußerungen wurden immer lauter.

Der übrig gebliebene **Kandidat** reagierte nicht und schuftete mit **enormem** Aufwand weiter, bis er den ersten **Eimer** Wasser der staunenden Menge vor die Füße goss.

Nun aber wollten die erfolglosen **Mitstreiter** und Zuschauer wissen, wie er das schaffen konnte.

Kluger Ratschlag von Joseph Pulitzer Seite 104

Was immer du schreibst:
Schreibe kurz, und sie werden es lesen.
Schreibe klar, und sie werden es verstehen.
Schreibe bildhaft, und sie werden es
im Gedaechtnis behalten.

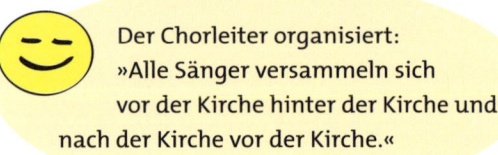

Der Chorleiter organisiert:
»Alle Sänger versammeln sich
vor der Kirche hinter der Kirche und
nach der Kirche vor der Kirche.«

Wortschatz – Wortabruf

Seite 108/109

A. Von A bis Z zu »Sonntag«

A	Ausflug	N	Nachspeise
B	Brunch	O	Orientierungslauf
C	Carfahrt	P	Puzzle
D	Dauerschlaf	Q	quengeln
E	Entspannung	R	Rätsel lösen
F	Familie	S	Spaziergang
G	Gemütlichkeit	T	Tanz
H	Hobby	U	Unvorhersehbares
I	Ice Cream	V	Verwandte
J	joggen	W	Wochenende
K	Kirche	X	x-mal Genuss
L	lesen	Y	Yoga
M	Messe	Z	Zeit haben

B. Logische Wortfolge zu »Sonntag«

	Hauptwort / Nomen	Eigenschaftswort / Adjektiv	Tätigkeitswort / Verb
1	Ausfahrt	gemeinsam	plaudern
2	Bastelarbeit	schöpferisch	kreieren
3	Gesellschaftsspiel	aufregend	gewinnen
4	Musik	unterhaltsam	mitsummen
5	Pause	erholsam	einplanen
6	Sonntagsbraten	würzig	grillieren
7	Sport	gesund	mitmachen
8	Sudoku	schwierig	ausprobieren
9	Zeitung	umfangreich	studieren
10	Zusammenkunft	ungezwungen	organisieren

C. Wörter, in denen die Buchstaben von »FEST« vorkommen:

steif, Strafe, Taufstein, fasten, Feinstaub, aufstehen,
Fenster, Gesellschaft, Mostflasche, Fernost, Fahnenmast,
Pflaster, Körperschaft ... und viele mehr

D. Wörter mit der Silbe »FEST«

Festgelder, Festgesellschaft, Eröffnungsfest, Sommerfest,
Festbankett, Festessen, Festmahl, Festbeleuchtung,
Festakt, Heiratsfest, Festansprache, Festfreude, Festland,
Festlaune, Festsaal, Festkomitee, Freudenfest, Festival, Festivität,
Feststellung, Festsetzung, Osterfest und so weiter

Stress

Beinahe täglich erleben wir, dass jeMand in unserem Wirkungskreis oder auch wir selbst klagEn: »Ich bin gestresst«. Stress ist aber nicHt in jedem Fall schädlich; im Gegenteil, er kann auch anRegend wirken. Jede GemütsBewegung und jede Aktivität vErursachen kurzfristig Stress, wie zum Beispiel das Warten auf einen Gast auf dem BaHnsteig während des Stoßverkehrs, die ÜberrAschung, wenn statt der erwarteten Person gLeich deren ganze Familie miTkommt. Auch ein anspruchsvollEs Gespräch, eiNe ÄndeRung im ArbeitsAblauf, eine unverhoffte Freude und der VerSuCh, eine brauCHbare IdEe zu realisieRen, können StrEssauslöser sein. DeR gleiche Stress, der den eiNen MeNschen krank macht, kann für Einen andeRen belebeNd wirken.

MEHR BEHALTEN, RASCHER ERINNERN

Redensarten zum Thema »Geld«   Seite 112/113

1. Der ärgste Fluch des Menschen ist das Geld.

2. Magst du auch Gut und Geld zusammentragen, du wirst doch nackt ins Grab getragen.

3. Geld regiert die Welt.

4. Sobald das Geld im Kasten klingt, die Seele aus dem Fegefeuer springt.

5. Geld, der Meister aller Sachen, weiß aus Nein oft Ja zu machen.

6. Wer kein Geld hat, dem hilft nicht, dass er fromm ist.

Begriffe rund ums Geld

Wir müssen in die Hände spucken und was tun, damit der **Rubel** wieder rollt.

Die Schönheit ist Veronas größtes **Kapital**.

Der tut mir wirklich leid, der kommt mit seinen paar **Kröten** doch auf keinen grünen Zweig.

Man darf nicht alles für bare **Münze** nehmen, was man heute in den Nachrichten hört.

300 **Piepen**, und du bist dabei.

Das **Portemonnaie** ist der empfindlichste Körperteil des Menschen.

Wer den **Pfennig** nicht ehrt, ist des **Talers** nicht wert.

Wer's nicht glaubt, zahlt einen **Taler**.

Dafür fehlt mir die **Kohle**.

500 cash auf den **Tisch** des Hauses, oder es läuft hier gar nichts.

Wenn ich die vielen neuen Autos sehe, nehme ich an, sie laufen eher auf **Raten** als auf Rädern.

Für dieses Projekt müssen wir erst einmal genügend **Mittel** flüssig machen.

Der hat mehr **Schulden** als Haare auf dem Kopf.

Wenn Sie hier mitmachen, dann nur auf eigene **Rechnung** und eigene Gefahr.

Es dauert aber lange, bis bei dir der **Groschen** fällt.

Dieser Ring kostet ein kleines **Vermögen**; hoffentlich weiß sie das zu schätzen.

Für keinen **Preis** der Welt mache ich da mit!

Bei dem ist permanent Ebbe in der **Kasse**.

Wenn du nicht mal 200 **Mäuse** dafür lockermachen willst, dann kannst du mir leid tun.

Jetzt ist Schluss. Ich habe das **Konto** meiner Gutmütigkeit schon überzogen.

Lesen, denken und Lücken ergänzen Seite 116/117

Schlaf – Wichtiges und Interessantes

Ungefähr ein Drittel unseres **Lebens** verbringen wir im Schlaf. Aber oft ist der Tag **viel** zu kurz für all unsere Aufgaben und Vergnügungen, und wir sind geneigt, die **Schlaf**phase um ein paar Stündchen zu kürzen. Doch der Körper und das **Gehirn** benötigen dieses »Ausklinken« als Erholungs- und Aufbauphase und zum Neuordnen und Abspeichern des Tages**verlaufes**. Bei häufigem oder regelmäßigem Kürzen der Schlafphase entstehen ern**sthafte** gesundheitliche, psychische und soziale Probleme. Doch wie viel **Schlaf** benötigen wir eigentlich?

Ein japanisches Team befragte mehr als 100.000 Japaner nach ihren Schlafgewohnheiten und beobachtete **während** zehn Jahren deren Gesundheitszustand. Es ergab sich eindeutig, dass Probanden, die im Durchschnitt sieben Stunden pro Nacht **schliefen**, länger lebten als Leute, die mehr **oder** weniger als sieben Stunden schliefen. Auf das gleiche Resultat kamen bereits 2002 britische Wissen**schaftler** in einer Studie mit mehr als einer Million Teilnehmenden. Ungewiss ist jedoch, **ob nur** das Schlafpensum oder der unterschiedliche Lebensstil von Lang- und Kurzschläfern die entscheidende **Rolle** spielt. Diese Ergebnisse widersprechen den Empfehlungen, jede Nacht mindestens acht Stunden zu schlafen.

Die Aufwachphase hat ihre **Tücken**! An der Universität von Colorado (USA) fanden Forscher durch ein Experiment mit Freiwilligen heraus, dass **in den** ersten zehn Minuten nach dem Aufwachen die Reaktionszeit länger und die geistige Leistungsfähigkeit noch geringer ist als nach einer durch**wachten** Nacht. Selbst bei ganz einfachen Rechenaufgaben schlossen die Probanden **gleich** nach dem Aufwachen miserabel ab. Das beweist einmal mehr, wie wichtig die kurze, geistige »Aufwärmphase« ist, um das Gehirn in Fahrt zu **bringen**.

Doppelwörter Seite 118

Gehör	– Test		Putz	– Teufel
Fluss	– Mündung		Bahn	– Gleise
Flaschen	– Post		Kabel	– Brand
Augen	– Weide		Pfeifen	– Raucher
Zeit	– Weise			

Noch mehr Doppelwörter Seite 119

Salz	– Fässchen		Früh	– Messe
Frühlings	– Farben		Duft	– Säckchen
Hühner	– Hof		Farb	– Palette
Ostereier	– Ausstellung		Sonnen	– Schein
Rosen	– Duft		Kirchen	– Chor
Stau	– Durchsagen		Weiden	– Kätzchen
Palmen	– Zweig		Eier	– Becher
Oster	– Eier		Freiland	– Hühner
Gottes	– Dienst			

Die gefundenen Doppelwörter passen zu Ostern.

Brox' verschluckte Wörter Seite 120/121

1. Warenhaus, Supermarkt, Einkaufszentrum
2. Langeweile, Schläfrigkeit, Vergesslichkeit ...
3. Interessierte, Leute, Vertreter, Senioren ...
4. Schuhe, Stiefel, Wanderwege ...
5. Heizung, Wärmespirale ...
6. verträgt, verdaut
7. Leistungsfähigkeit, Fitness
8. Zeit
9. Auto fahren, Bus fahren
10. Pausen
11. Lachen
12. Erstaunen, Freude, Zufall, Wunder ...
13. Duden
14. interessant, langweilig, schwierig ...
15. fertig, beendet, abgeschlossen, erledigt ...

Buchstabenlabyrinth Seite 122–124

Land	Hauptstadt
1. SCHWEDEN	Stockholm
2. DAENEMARK	Kopenhagen
3. BRASILIEN	Brasilia
4. SLOWENIEN	Ljubljana
5. COSTA RICA	San José
6. MALEDIVEN	Male
7. SCHLARAFFENLAND	dort, wo Sie wohnen

8. Wenn einer eine Reise tut, so kann er was erzählen!
   (siehe auch Seite 215)

Zitate »herausschälen«

Seite 128

»Leben ist das, was wir daraus machen.«

Henry Miller, amerikanischer Schriftsteller, * 1891 in New York, † 1980 in Los Angeles, lebte 10 Jahre in Europa, bekanntestes Werk »Wendekreis des Krebses«.

»Mit Güte kann man fast jeden Menschen überraschen.«

Pearl S. Buck, amerikanische Erzählerin, * in Hillsboro (West-Virginia) 1892, † in Danby (Vermont) 1973, wuchs als Kind eines Missionars in China auf. Ihre einfach geschriebenen Werke geben ein Bild des damaligen chinesischen Alltags. Seit 1951 veröffentlichte sie auch unter dem Pseudonym John Sedges mehrere erfolgreiche Romane. Nobelpreis 1938.

Lassen Sie Ihren Gedanken freien Lauf!

Seite 133

Begriff	Ähnlichkeiten (analoges Denken)	Unterschiede (differenzielles Denken)
Rose – Seife	Vielfalt, vergänglich, duften, zarte Oberfläche	Herkunft, Verwendung, »Lagerort«
Axt – Schere	trennen, Metall, Werkzeuge, mind. zweiteilig	Anwendungsart, Größe, Gewicht
Brot – Ballon	gleicher Anfangsbuchstabe, gleiche Form möglich	Material, Art der »Entsorgung«, Verwendung

Stunde – Kilometer	Maße, in Zahlen ausgedrückt, Schul- lernstoff	Ziel der Messung, Berechnungssystem
Papier – Eichblatt	flach, »Blatt« für beide gebräuch- lich, damit etwas zudecken	Rand, Produktion, »Erwerbsort«
Hut – Strümpfe	trägt man am Körper, Schutz	Form, dazupassender Körperteil
Bürste – Sandpapier	raue Oberfläche, von Hand benutzt, wird fabriziert	Verwendungszweck, Material, Preise, »Lagerort«

Worträtsel Seite 134

Umschreibung	gesuchter Begriff
Aufforderung an einen Lehrling, größer zu werden	Wachs-mal-stift
wehleidiges Stück Stoff	Jammer-lappen
Übergang für Grautiere	Esels-brücke
globale Kneipenflaute	Welt-wirtschafts-krise
deutsche Großsiedlung im Verdauungssystem	Darm-stadt

stellt fest, wie viele Musiker eines bestimmten Saiteninstrumentes anwesend sind	Geiger-zähler
redseliges Verpackungsmaterial	Plauder-tasche

Wie lauten die Fragen? Seite 135

1. Verstehen Sie Spanisch / Russisch / Arabisch …?
2. Sind Sie Portugiese?
3. Wie kommt man zur Oper / zum Rathaus / zum Kino …?
4. Sind Sie Rentner/-in?
5. Essen Sie regelmäßig Fischgerichte?
6. Wie lautet Ihre Code- / Banknummer? Wie viel verdienen Sie? Wie viel wiegen Sie?
7. Sind Sie mit Ihrem Namensvetter verwandt?
8. Warum hast du keinen Regenschutz eingepackt?
9. Hast du schon mal etwas von Denktraining gehört?
10. Sind das Ihre Schuhe …?

Tricks für den Alltag Seite 136/137

1	+	D	6	+	F
2	+	C	7	+	I
3	+	J	8	+	G
4	+	A	9	+	H
5	+	E	10	+	B

Der entscheidende erste Buchstabe

Seite 138/139/144

1. Nikolaus	4. Nonne	7. Nilpferd
2. Nieren	5. Neuron (Nervenzelle)	8. Nerven
3. Netzhaut	6. Neujahr	9. Norden

Gewandter und witzvoller Umgang mit der Sprache

Seite 142/143

Originalsätze zu Witzanfängen

»Ich habe Ihre Frau gestern in der Straßenbahn getroffen, sie hat mich aber nicht gesehen.« – »Ich weiß, sie hat es mir erzählt.«

Frisör zum Kunde: »Ihr Haar wird langsam grau.« – »Kein Wunder, bei Ihrem Arbeitstempo.«

»Das nennt sich ›Gemischter Chor‹, und es sind doch alles Männer. Wie erklären Sie sich das?« – »›Gemischt‹ ist doch ganz klar: Die einen können singen, die anderen nicht.«

»Sind Sie auch der Meinung, dass über kurz oder lang die neuen Medien die Zeitung ersetzen werden?« – »Nein, auf keinen Fall. Können Sie mit einer Homepage oder dem Fernseher eine Fliege totschlagen?«

»Angeklagter, ich möchte wirklich wissen, warum Sie so viel lügen?«, wundert sich der Richter. – »Weil Sie so viel fragen, Herr Richter.«

»Was macht mein Essen, das ich vor zwei Stunden bestellt habe?« – » 15,70 Euro.«

Lösungen zu »Logik«

Verschiedene Logikaufgaben

1. Seite 149

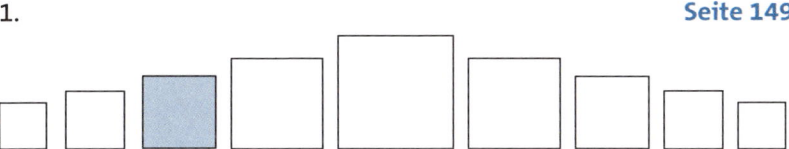

2. Seite 149/150

	Unpassendes Wort	Begründung
A	PATE	kann, muss aber nicht zwingend verwandt sein.
B	WOCHE	besteht aus mehreren Tagen.
C	BRENNENDE FÜSSE	haben nichts mit einer Erkältung zu tun.
D	JUNGFRAU	ist kein Tier im Sternkreiszeichen.
E	SINFONIE	ist »wortlos«, ohne Sänger.
F	HALS	-Schwimmen gibt es nicht.

G	SPEERWERFEN	hat nichts mit Ball zu tun.
H	ROSENQUARZ	ist ein Halbedelstein.
I	SCHWEIN	hat Borsten und kein Fell.
J	FLIEGE	ist nicht giftig.

3. Seite 151

	Unpassendes Wort	Begründung
A	ALASKA	ist kein Kontinent, gehört zu den USA (oder: Europa beginnt mit E).
B	PLATTENSEE	ist kein Fluss.
C	GOBI	ist eine Wüste und kein Berg.
D	KILIMANDSCHARO	ist ein Berg und keine Wüste.
E	NEW YORK	ist keine Hauptstadt (oder: ist nicht in Europa).
F	SACRAMENTO	liegt nicht wie die anderen Städte am Meer.
G	PANAMAKANAL	gehört zum amerikanischen Erdteil.

	Was ist das Gemeinsame?	Lösung
1.	Preis Laus Glas Schnaps Fass	haben alle die Endung S
2.	Flugzeug Kinder Kaffeemühle Radio	alle machen Geräusche
3.	Erde Wasserwirbel Rad Kreisel	alle drehen sich
4.	Stein Diamant Schicksalsschlag Beton	alles ist hart
5.	Tomate Stopplicht Hahnenkamm Verbotssignale	alle sind rot
6.	Platz Ampel Biwak Ernte Pfund	alle haben 5 Buchstaben
7.	Pfanne Kirchenglocke Eiffelturm Pflug Draht	sind alle aus Metall
8.	Tee Fisch Beinwickel Blumen Fluss	alle brauchen Wasser
9.	3 - 32 - 93 - 237 - 13	haben alle eine 3 in der Zahl
10.	Spaghetti Bleistift Baguette Fahnenstange	sind alle lang und schmal

5.   Seite 153

Das Menü vom 5. April oder Samstag war das teuerste.

Das Vorgehen ist einfach. Auch hier gilt: ordnen. Aufgrund der Fragestellung fallen der 1. März (Donnerstag) und der 20. Mai (Freitag) gleich weg. Somit muss nur noch ermittelt werden zwischen dem 5. April (Samstag) und dem 10. Februar (Mittwoch). Der 1. März (Donnerstag) war aber noch teurer als der 10. Februar (Mittwoch), und somit lautet die richtige Lösung 5. April (Samstag).

6.   Seite 153

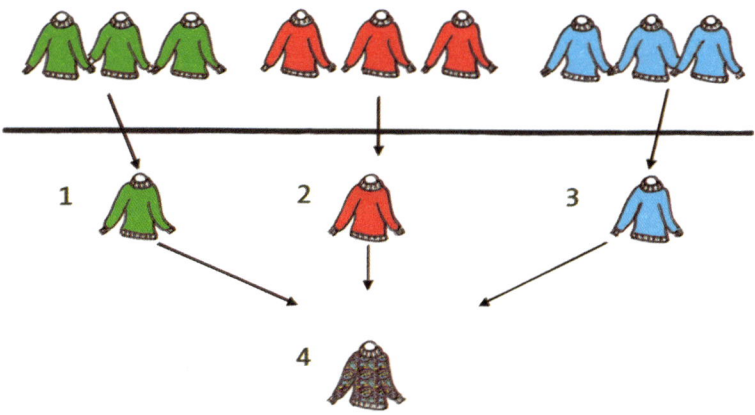

Vier Pullover hat sie gestrickt.

7.

Die gesuchte Stadt lautet **Oslo** oder **Amsterdam** (die Hauptstadt von Norwegen oder der Niederlande), denn die Anfangsbuchstaben der Ländernamen sind alphabetisch von **L** bis **P**.

Liechtenstein = Vaduz; **M**onaco = Monaco-Ville

Norwegen = **Oslo** oder **N**iederlande = **Amsterdam**

Oesterreich = Wien; **P**ortugal = Lissabon

(Achtung: Die Hauptstadt der Niederlande ist Amsterdam, Regierungssitz ist jedoch Den Haag.)

Auswahl europäischer Länder mit Hauptstadt, alphabetisch geordnet von A – Z		
Albanien: Tirana	Kroatien: Zagreb	Rumänien: Bukarest
Andorra: Andorra	Lettland: Riga	Russland: Moskau
Belgien: Brüssel	Liechtenstein: Vaduz	San Marino:
Bosnien-Herze-	Litauen: Vilnius	San Marino
gowina: Sarajevo	Luxemburg:	Schweden: Stock-
Bulgarien: Sofia	Luxemburg	holm
C: –	Malta: Valletta	Schweiz: Bern
Dänemark: Kopen-	Mazedonien: Skopje	Serbien: Belgrad
hagen	Moldawien:	Slowakei: Bratislava
Deutschland: Berlin	Kischinau	Slowenien: Ljubljana
Estland: Tallinn	Monaco: Monaco-	Spanien: Madrid
Finnland: Helsinki	Ville	Tschechien: Prag
Frankreich: Paris	Montenegro:	Türkei: Ankara
Griechenland: Athen	Podgorica	Ukraine: Kiew
Großbritannien:	Niederlande: Amster-	Ungarn: Budapest
London	dam	Vatikanstadt:
H: –	Norwegen: Oslo	Vatikanstadt
Irland: Dublin	Österreich: Wien	Weissrussland:
Island: Reykjavík	Polen: Warschau	Minsk
Italien: Rom	Portugal: Lissabon	Z: –
J: –	Q: –	

Welchen Wert haben die Symbole?

⬤ = 1   ⌘ = 2   ♡ = 3

☼ = 4   ❖ = 5   ∞ = 7

Am einfachsten beginnt man mit der Zeile 3 waagerecht:

⬤	⬤	❖	⬤	⬤	⬤	**10**
1	1	5	1	1	1	**10**

Dann zweite oder dritte Spalte senkrecht:

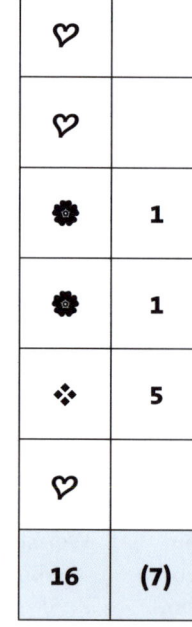

♡	
♡	
⬤	1
⬤	1
❖	5
♡	

16 − 7 = 9
9 : 3 = **3**   **16**   **(7)**

⌘	
❖	5
❖	5
⌘	
⌘	
❖	5

21 − 15 = 6
6 : 3 = **2**   **21**   **(15)**

Nun stehen mehrere Wege offen.

Waage ins Gleichgewicht bringen Seite 156

Wer ist wer? Logisches Denken Seite 157

Vorname	Name	Tätigkeit	Wohnort
Peter	Früh	trinkt 3 Liter	Weimar
Pierre	Frisch	»Denkspiele«	Winterthur
John	Fröhlich	spazieren	Wien

Logik im Alltag Seite 158

1. Unlogisch: Wenn der Hinweis »Nicht umdrehen« gelesen wird, ist es zu spät, die Verpackung hat man bereits umgedreht.

2. Logisch: Der Hinweis ist berechtigt, die Folien werden nämlich nicht in jedem Fall vorher entfernt.

3. Logisch, aber eher überflüssig: Von einem Schlafmittel erwartet man nicht, dass es munter macht.

4. Logisch, aber eine überflüssige Warnung: Unmittelbar nach dem Kochen ist ein Gericht heiß.

5. Unlogisch: Einer Person, die nicht lesen kann, bleibt dieser wichtige Hinweis verschlossen.

6. Unlogisch: Wenn die Bedingungen nicht erfüllt werden können, ist ein Anruf überflüssig.

7. Unlogisch: Ein Säugling lenkt kein Auto und bedient auch keine Maschinen.

8. Logisch: Allerdings, welcher kultivierte und vernünftige Mensch isst die Nüsse mit dem Beutel?

Geheimschrift entschlüsseln Seite 159/160

1. Ein Gedächtnis wie ein Sieb haben.
2. Geistig fit durch Training.
3. Übung macht den Meister.

Ein Teil ist zu viel! Seite 161

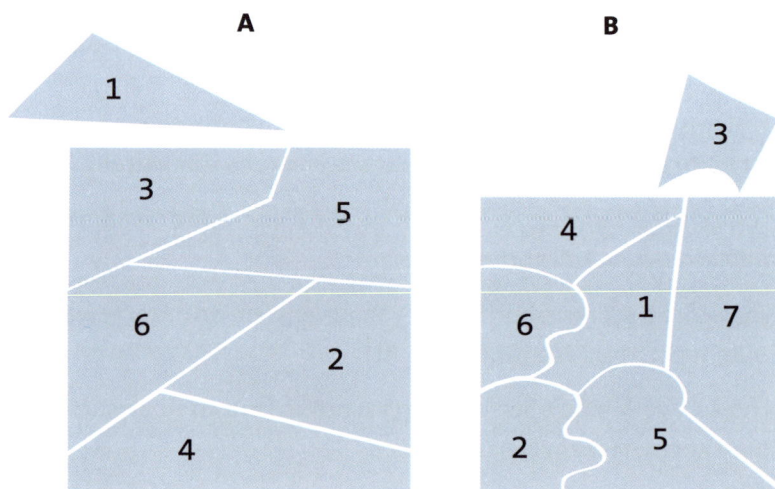

Lösungen zu »Merkfähigkeit«

Langzeitgedächtnis / »Wissensarchiv« Seite 171

Wörter, die im weitesten Sinn etwas mit Gedächtnis zu tun haben:

a) Konzentration, Aufmerksamkeit, Nervenzellen, Gesundheit, planen, speichern, lernen, erinnern, vergessen, trinken, Interesse, Ideen, Kreativität, Bewegung, Ruhe, Schlaf, Abwechslung, Bilder, Sinne, Biografie, Krankheit, Umfeld ...

c) D-Day: Am 6. Juni 1944 landeten Briten, Amerikaner und Kanadier in der Normandie. Die Operation »Overlord« wurde von General Dwight David Eisenhower geführt.

Langzeitgedächtnis Literatur Seite 172–177

Schriftsteller/-in	Land	Werke	Daten
Austen, Jane	✖	F	3
Bachmann, Ingeborg	✳	M	20
Cechov, Anton P.	♥	D	12
Dickens, Charles	✖	O	7
Döblin, Alfred	☉	J	15
Dostojewskij, Fjodor M.	♥	A	9

Dürrenmatt, Friedrich	▲	L	19
Frisch, Max	▲	S	18
Goethe, Johann Wolfgang	☉	K	2
Heine, Heinrich	☉	I	4
Keller, Gottfried	▲	G	8
Mann, Thomas	☉	E	14
Meyer, Conrad Ferdinand	▲	H	10
Puschkin, Alexander S.	♥	T	5
Schnitzler, Arthur	✳	B	13
Shakespeare, William	✖	R	1
Stifter, Adalbert	✳	Q	6
Tolstoi, Leo N.	♥	P	11
Trakl, Georg	✳	N	17
Woolf, Virginia	✖	C	16

Gebäude und ihre Städte

Seite 178/179

Gebäudename	Bildnummer	Stadt / Gegend
Akropolis	5	Athen
Arc de Triomphe	8	Paris
Big Ben	6	London
Brandenburger Tor	10	Berlin
Kapitol	12	Washington
Golden Gate Bridge	4	San Francisco
Großmünster	3	Zürich
Hagia Sophia	14	Istanbul
Jungfraujoch	2	Schweizer Alpen
Petersdom	1	Rom
Prado	7	Madrid
Rialto-Brücke	9	Venedig
Stephansdom	11	Wien
Stift Melk	13	Melk, Wachau, Österreich

Bildausschnitte wiedererkennen Seite 180/181

1	Big Ben	2	Prado
3	Stift Melk	4	Golden Gate Bridge
5	Petersdom	6	Hagia Sophia
7	Rialto-Brücke	8	Arc de Triomphe
9	Akropolis	10	Brandenburger Tor

Erfolgreiches Treffen Seite 185/186

7-W-Fragen	Antworten zuordnen
1. **Wer** hat etwas getan?	Domenico Scarlatti besuchte einen Maskenball.
2. Mit / von **wem**?	Georg Friedrich Händel war ebenfalls Gast.
3. **Was** ist geschehen?	Sie begegneten sich; es entwickelte sich eine lebenslange Freundschaft.
4. **Wo** ist es passiert?	in Venedig beim Maskenball
5. **Wie** ist es passiert?	zufällig
6. **Warum** ist es geschehen?	Händel spielte virtuos auf dem Spinett.
7. **Wann** ist es geschehen?	1706

A. Gruppieren geografischer Begriffe

die größten Schweizer Kantone	die größten deutschen Städte	die höchsten Berge Österreichs	schiffbare französische Flüsse
Graubünden 7105 km²	Berlin	Großglockner 3798 m	Seine
Bern 5959 km²	Hamburg	Wildspitze 3774 m	Rhône
Wallis 5224 km²	München	Weißkugel 3739 m	Garonne
Waadt 3212 km²	Köln	Großvenediger 3666 m	Loire
Tessin 2812 km²	Frankfurt		

Wenn diese Aufgabe zu leicht war, so können Sie gleich noch die Zahlen der Flächen und Höhen dazulernen.

B. Gruppieren der Begriffe einer Einkaufsliste Seite 191

Früchte, Gemüse	Papeterie- waren	Toiletten- artikel	Kleidungs- stücke	Getreide
Birnen Karotten Spinat Tomaten Zitronen	Brief- umschläge Filzstifte Klebeband Post-it Kartei- karten	Handcreme Seife Zahnpasta Zahnseide	Hemd Socken Strümpfe	Gerste Grieß Reis

Übung macht den Meister! Seite 208–210

»Wo Musik ist, da lass dich ruhig nieder«, sagt ein altes **Sprichwort**. Wissenschaftliche Untersuchungen haben bestätigt, dass Musik mehrheitlich positive Wirkungen auslöst. Musik hilft zu entspannen, lässt wohlfühlen, bringt in vielen Fällen eine generelle Verbesserung der gesundheitlichen Situation, aktiviert nachhaltig die Gehirnstrukturen und erhöht dadurch die geistige **Leistungsfähigkeit**.

Nach dem Zweiten Weltkrieg entwickelte sich in den USA das, was wir heute Musiktherapie nennen; Kriegsveteranen wurden systematisch mit Musik psychisch wieder aufgebaut. Seither wird diese Therapieform bei ganz verschiedenen **Krankheiten** eingesetzt. Besonders schwer kranke Patienten empfinden das als wohltuend. Lieblingsmusik hören hilft häufig, **Medikamente** einzusparen bei **Schmerz**, Angst und Stress. Wird ein Patient bereits vor einem chirurgischen Eingriff mit den gewünschten Melodien berieselt, ist er entspannter und benötigt geringere Dosen von Narkosemitteln.

Auch bei Menschen mit Problemen des Bewegungsapparates (zum Beispiel der Parkinson-Krankheit) werden erstaunliche Erleichterungen und das Steigern des Wohlbefindens durch rhythmisches Bewegen mit Musik festgestellt. Bei Demenzen (zum Beispiel der Alzheimer-Krankheit), nach Schlaganfällen oder komatösen Zuständen kann Musik zur Kontaktaufnahme verhelfen.

Altersunabhängig hilft eine beruhigende Musik von 60–80 **Taktschlägen** pro Minute zu rascherem Einschlafen. Die Probanden erzählten später, dass die Schlafqualität bedeutend besser war und sie tagsüber unter weniger Beschwerden litten.

Forscher der **Universität** Athen stellten fest, dass Mozart-Musik nicht nur Menschen positiv beeinflusst, sondern auch **Fische** in einem Versuchsaquarium. Mozartklänge weckten ganz besondere Lebenslust: Der Appetit, die Bewegungsfreude, der Drang sich zu vermehren nahmen erstaunlich zu, und die Farben der Fische wurden kräftiger.

Ein Übermaß an Musik kann aber auch krank machen. **Berufsmusiker** haben im Alter öfter Gehörschäden als passive Musikgenießer. Probleme im Bereich von Muskeln, Sehnen und Knochen sind leider bei Berufsmusikern auch keine Seltenheit.

Insgesamt gesehen ist Musik Balsam für die **Seele**, macht gesund und geistig fit.

Dekoratives Falten von Servietten Seite 214

Bildliche Anleitung: Einfaches Faltmuster

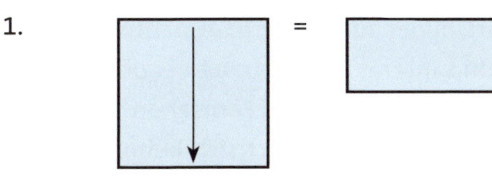

Die Autorinnen

 **Ingrid Grube** wurde in Tutzing am Starnberger See geboren und wuchs auch dort auf. Nach ihrem Abitur führte sie der Berufsweg zunächst in die Handwerksbranche und die Betriebswirtschaft. Nach der Geburt von vier Kindern ruhte die Diplom-Arbeit im absolvierten BWL-Studium zunächst, doch vier Kinder fordern und fördern den wissenschaftlichen Geist. Die Leidenschaft für alle Themen, die mit Wissen, Wissensvermittlung, Intelligenz, Gedächtnis und Denken zu tun haben, verlieh ihr Flügel und gab ihr die Kraft, neben dem Beruf, an der Fern-Uni in Hagen Soziologie, Psychologie, Geschichte und schließlich noch Kulturwissenschaften zu studieren. In begleitenden Kursen bildete sich Ingrid Grube zur Lern- und Gedächtnistrainerin fort. Sie ist seit mehr als zehn Jahren intensiv mit allen aktuellen Entwicklungen rund um das Gedächtnis beschäftigt. Sie lehrt als Dozentin bei Bildungsträgern, Institutionen und in der freien Wirtschaft, bildet zum Thema Gedächtnistraining aus und hält spannende und interaktive Vorträge bei öffentlichen Veranstaltungen, Messen sowie im Radio und Fernsehen. Sie ist zertifizierte Trainerin der GfG e.V. und engagiert sich beim BVGT e.V. als stellvertretende Regionalleiterin für die Länder Thüringen und Sachsen-Anhalt. Ingrid Grube lebt in Weimar.

Ines Moser-Will studierte nach dem Abitur an der Hochschule St. Gallen Wirtschafts-, Rechts- und Sozialwissenschaften. Parallel erwarb sie das Kursleiterdiplom für kaufmännische Fächer und später mit Auszeichnung das Diplom in deutscher Sprache der Zürcher Handelskammer. Trotz beruflich bedingter 15 Umzüge – ihr Ehemann arbeitete in einer internationalen Firma – bildete sie sich nebst  ihrer dreifachen Mutterrolle und ihren ehrenamtlichen Arbeiten in ihren Wohngemeinden in mehreren Schritten zur Porzellanmalerin und Trainerin für geistige Fitness weiter. Ihr Leistungsnachweis auf diesem Gebiet lässt sich sehen: Sie ist unter anderem MAT®- und SimA®-Trainerin sowie Therapeutin für kognitives Training. Ines Moser-Will ist eines der Gründungsmitglieder des Schweizerischen Verbandes für Gedächtnistraining und führte diesen in der Aufbauphase vier Jahre lang als Präsidentin. Mehr als 20 Jahre Kurserfahrung mit ganz verschiedenen Ansprüchen der Teilnehmenden, das Halten von Referaten und die Einführung von Fachpersonen in das weite Gebiet der geistigen Leistungsfähigkeit führten zu einer reichen Materialsammlung und zum Wunsch, einen kleinen Teil davon an ein breiteres Publikum weiterzugeben. Ines Moser-Will lebt in der Schweiz.